GW01607780

БІБЛІЙНІ ІСТОРІЇ

ДЛЯ ДІТЕЙ

БІБЛІЙНІ ІСТОРІЇ

ДЛЯ ДІТЕЙ

Ілюстрації ХОСЕ ПЕРЕСА МОНТЕРО

Четверте видання
переглянуте й удосконалене

Українське Біблійне Товариство
Київ 2023

ISBN 978-966-412-036-1

СТАРИЙ ЗАВІТ

Створення світу

Бут. 1:1-25; 2:4-6

Спочатку Бог створив небо й землю. Земля ж була пуста та порожня, а навколо була суцільна темінь.

І сказав Бог: "Хай станеться світло!"

І сталося світло.

Бог назвав світло днем, а темряву — ніччю. І був вечір, і був ранок: день перший.

Сказав Бог: "Нехай станеться небо, щоб відокремити воду в хмарах від води на землі".

І сталося так. І був вечір, і був ранок: день другий.

Сказав Бог: "Нехай серед вод з'явиться суходіл".

І назвав Бог суходіл землею, а зібрання вод — морями.

Сказав Бог: “Нехай на землі виросте всіляка зелень: трава й дерева”.

І сталося так. І побачив Бог, що це добре. І був вечір, і був ранок: день третій.

Сказав Бог: “Нехай будуть світила на небі, щоб відокремити день від ночі”.

І створив Бог зірки й два світила: сонце — для дня, а місяць — для ночі. І побачив Бог, що це добре. І був вечір, і був ранок: день четвертий.

Сказав Бог: “Нехай у водах народиться життя, і нехай птахи полетять над землею попід небом”.

І створив Бог риб, різних морських істот, а також різних птахів.

І побачив Бог, що це добре. І був вечір, і був ранок: день п’ятий.

Сказав Бог: "Нехай земля виведе звірів і різних тварин".

І сталося так. І побачив Бог, що це добре.

Так створив Бог небо й землю, і все, що на землі.

Створення людини

Бут. 1:26-2:3; 2:7, 18-24

На шостий день Бог сказав: "Створімо людину за образом Нашим і за подобою Нашою. І нехай панують люди, яких Ми створимо, над рибами морськими, і над птахами небесними, і над усіма тваринами, і над усією землею".

Так Бог і зробив: Він створив чоловіка за Своїм образом і подобою, створив його з пороху земного, а потім подихом життя дмухнув йому в обличчя — і той ожив.

Потім Бог привів до чоловіка всіх тварин, щоб той дав їм імена. І чоловік назвав кожного зокрема: дав імена птаству небесному та польовій звірині. Однак Господь Бог ще хотів, аби чоловік обрав собі друга, який у всьому допомагав би йому. "Негаразд чоловікові бути самому", — сказав Бог.

Проте серед усіх тварин не знайшлося помічника, який був би подібний чоловікові. Тоді Господь Бог навів на чоловіка міцний сон; коли той заснув, Бог вийняв одне з його ребер, створив із цього ребра жінку й привів її до чоловіка.

Цього разу чоловік сказав: "Так, оце кістка від кісток моїх і тіло від тіла мого. Вона зватиметься жінкою".

Відтоді й повелося, що чоловік залишає своїх батьків і живе зі своєю дружиною. І стають вони обоє як одна людина.

І поблагословив їх Бог, і сказав їм: “Плодіться на землі й наповнюйте її, володійте землею, пануйте над морськими рибами, і над птаством небесним, і всім, що плазує по землі. До їжі Я даю вам різну ярину й плоди дерев. А всьому живому на землі Я даю на поживу траву”.

І побачив Бог: усе, що Він створив, — добре. І був вечір, і був ранок: день шостий.

І скінчив Бог сьомого дня працю Свою. І поблагословив Бог сьомий день, і освятив його.

Вигнання з раю

Бут. 2:8-17, 25; 3

Коли Господь Бог творив світ, Він вибрав особливе місце й насадив там райський сад. Там текли річки й росли дерева. Багато було чудових дерев з плодами, придатними для їжі, але серед них було два особливих дерева. Одне з них — Дерево життя, а інше — Дерево пізнання добра і зла.

Там оселив Бог чоловіка, аби той плекав цей сад і беріг його.

І сказав Господь Бог чоловікові: “У цьому саду ти можеш їсти до смаку плоди з будь-якого дерева. Тільки плоди з Дерева пізнання добра і зла не споживай ніколи. Бо як зірвеш цей плід і з’їси його, — помреш”.

Адам і його дружина тоді ще не носили жодного одягу й ходили голі, але нікого не соромилися.

Різні звірі й птахи жили в раю. Серед них був і змій — найхитріший серед звірів. І вирішив він учинити, щоб чоловік порушив Божу заповідь.

Якось він запитав жінку: "Чи справді Бог заборонив вам їсти плоди з усіх дерев, що ростуть у цьому саду?"

"Ні, — відповіла жінка змієві, — зовсім не так. Ми можемо споживати плоди будь-якого дерева. Лише плоди з дерева, котре росте посеред саду, нам їсти не можна, тому що Бог сказав: "Не споживайте від цього дерева й не торкайтеся його, бо помрете"".

На це змій сказав: "Ні, ви не помрете! Але Бог знає, що того дня, коли ви скуштуєте ці плоди, ваші очі відкриються, ви довідаєтеся, що таке добро і що — зло, і самі станете як боги".

Жінка глянула на дерево ще раз, побачила його плоди, і подумала, що вони виглядають досить привабливо й, напевно, смачні. Тоді вона зірвала плід з дерева та з'їла його, а інший дала своєму чоловікові, щоб і він скуштував. Коли ж вони спожили ці плоди, то раптом зрозуміли, що вони зовсім голі й не мають жодного одягу. Вони засоромились.

З цієї миті все змінилося. Адамові та його дружині здалося, що світ став іншим, проте змінилися вони самі: адже вони порушили Боже повеління. Уперше в житті Адам злякався Бога.

“Де ти, Адаме?” — покликав його Господь.

Проте Адам злякався, і сховався разом з дружиною серед дерев саду. Господь Бог знову покликав його, і тоді Адам відповів Йому: “Я сховався, бо боюсь, і мені соромно, що я зовсім голий і на мені немає жодної одежини”.

“Хто сказав тобі, що ти голий? — запитав його Бог. — Чи не їв ти часом плодів з того дерева, від якого Я заборонив тобі їсти?”

Адам не знав, що відповісти, і почав виправдовуватися: “Жінка, яку Ти дав мені: вона дала мені, і я їв”.

Тоді Бог запитав жінку: “Що ж ти накоїла?”

Але жінка також боялась і сказала: “Це змій винний, це він умовив мене зірвати плід”.

Бог сказав змію: “За те, що ти зробив це, будеш плазувати на своїм череві усі дні свого життя”.

А потім звернувся до Адама: “Через твій непослух, через те, що ти їв плоди забороненого дерева, уся земля буде проклята. І життя твоє більше не буде легким, але ти будеш у поті чола добувати собі хліб. І помреш, і повернешся в порох, з якого створений”.

І зробив Бог Адамові та його дружині одяг зі шкур, і вислав їх з райського саду, щоб вони обробляли землю. А біля входу до саду поставив Херувима та полум’яний меч, який обертався навколо, щоб стерегти дорогу до раю і до Дерева життя.

Адам назвав свою дружину Євою. Вона стала матір’ю всіх людей, що народилися на землі.

Каїн і Авель

Бут. 4:1-16

Адам і Єва були першою сім'єю на землі. Нелегко їм жилося, їм довелося шукати поживу й вирощувати хліб.

Минав час, і в них народився син, якого назвали Каїном. Потім народився ще один — його назвали Авелем.

Брати виросли й почали допомагати батькам. Авель став пастухом, а Каїн працював у полі й став рільником.

Настав час урожаю, в отарах з'явилися ягнята. Брати вирішили подякувати Богові: пожертвувати частину врожаю та приплоду. Каїн жертвував Господеві плоди, які дала земля. Авель обрав на жертву молоде ягня зі своєї отари. Господь звернув увагу на жертву Авеля, а на Каїнову — ні. Тоді Каїн об-

разився й пішов геть, похиливши голову.

Господь сказав йому: "Чому ти образився? Якщо чинитимеш добре, то Я прийматиму твої жертви. А якщо ні, то стережися, бо на порозі підстерігає тебе гріх".

Проте Каїн не прислухався до слів Господа, заздрість і ревнощі опанували його. Він сказав Авелю: "Ходімо в поле". І коли вони були в полі, Каїн накинувся на брата, і вбив його.

Господь запитав Каїна: "Де Авель, твій брат?"

Натомість Каїн відповів: "Не знаю: хіба я повинен стерегти свого брата?"

І сказав йому Господь: "Що ти зробив? За те, що ти пролив кров Авеля, ти проклятий, і тинятимешся волоцюгою по землі".

Каїн сказав Господу: "Великий мій гріх! Тепер я буду волоцюгою, і кожен, хто мене зустріне, той уб'є мене!"

Тоді Господь зробив знак на Каїнові, щоб його ніхто не вбив, і той пішов у вигнання.

Ноїв ковчег

Бут. 6:5-9:17

Минули роки й сторіччя. У Адама та Єви ще народилися сини й дочки. І в Каїна народилися діти. А в тих дітей — власні діти. Людей стало дуже багато.

Але з часом люди почали віддалятися від Бога й робити дедалі більше зла. Зрештою всі їхні думки й прагнення звернулися на зло. І тоді Господь пошкодував, що створив людей, і сказав: "Знищу все живе на землі, бо ніхто вже не робить добра; знищу і людей, і худобу, і небесних птахів".

Проте був на землі чоловік, який відрізнявся від решти. Його звали Ноєм. Беручись до будь-якої справи, він молився до Бога, знаючи, що Бог бачить усе, що він робить: Ной був праведний.

І сказав Бог Ноєві: "Уся земля виповнилася злом. Я наведу на землю потоп, аби винищити дощенту життя. Проте з тобою Я укладу завіт. Зроби собі величезний корабель, ковчег. Потім увійди до нього з усією своєю сім'єю: з дружиною, синами та їхніми дружинами. Але не тільки ти врятуєшся: візьми із собою найрізноманітніших тварин і птахів, щоб і вони вижили. І набери побільше всілякої поживи для людей і для тварин".

Ной зробив усе, як звелів йому Бог. Настав призначений день, розкрилися всі джерела вод, і падав дощ на землю сорок днів і сорок ночей. Ной увійшов до ковчега разом зі своєю дружиною, синами, яких звали Сим, Хам та Яфет, та їхніми дружинами. До ковчега ввійшли також тварини й птахи, як звелів Господь. Вода покрила всю землю й підняла ковчег, так що він поплив понад землею. Потім вода піднялася ще вище, і вкрила високі гори. Тоді усе живе на землі загинуло. Вода прибувала сто п'ятдесят днів.

Коли ці дні минули, Бог навів на землю вітер, і дощ ущух. Вода почала спадати. А ковчег ще

довго носило водами. Нарешті з'явилися вершини гір, і ковчег спинився на Араратських горах.

Ной відчинив вікно у ковчезі й випустив крука, щоб довідатися, чи зійшла вода з поверхні землі. Але крук відлітав і повертався знову, бо земля ще не звільнилася від води. Тоді Ной випустив голубку, але й вона не знайшла собі місця на землі, і повернулася до ковчега. Минуло ще сім днів, і Ной знову випустив голубку. Цього разу вона повернулася, несучи в дзьобі щойно зірване оливкове листя. Ной почекав ще сім днів і знову випустив голубку, проте цього разу вона вже не повернулася. Минув уже цілий рік з того часу, як почався потоп.

Нарешті Господь наказав Ною та його родині вийти з ковчега і вивести всіх тварин, що були з ним. Із вдячності за порятунок, Ной влаштував жертівник і приніс у жертву Господу різних чистих тварин. Господь

побачив щиросердя Ноя й сказав: "Я більше не проклинатиму землю через людину і не вбиватиму все живе на землі".

І поблагословив Бог Ноя та його синів, і сказав їм: "Плодіться й розмножуйтесь, та наповнюйте землю. Я віддаю вам до рук усіх земних тварин, і всіх птахів, і всіх морських риб, і вони боятимуться вас. Я даю вам на поживу все живе, як раніше траву. Проте стережіться проливати кров людини, — бо людина створена за образом Божим".

І сказав Бог Ною та його синам: "Я укладаю з вами й вашими нащадками та з усіма тваринами й птахами Свій завіт: Я більше не нищитиму землю потопом. А знаком завіту, котрий Я укладаю, стане веселка. Нехай стане вона довічною ознакою завіту між Мною та землею".

Вавилонська вежа

Бут. 11:1-9

Минуло багато років. Ноєвих нащадків ставало все більше. Вони були одним народом і розмовляли однією мовою. І ось надумали вони якось себе звеличити, та й кажуть: "Збудуймо собі місто й вежу, та таку, щоб її вершина сягала аж до неба. Тоді ми не будемо розпорошені по всій землі, а міцно триматимемося одне одного".

Тоді Господь зійшов подивитися на місто й вежу, які споруджували люди, і сказав: "Ось один народ, і в нього одна мова, — і що б вони не робили, усе буде їм під силу. Але, щоб вони не величалися, зійдімо й

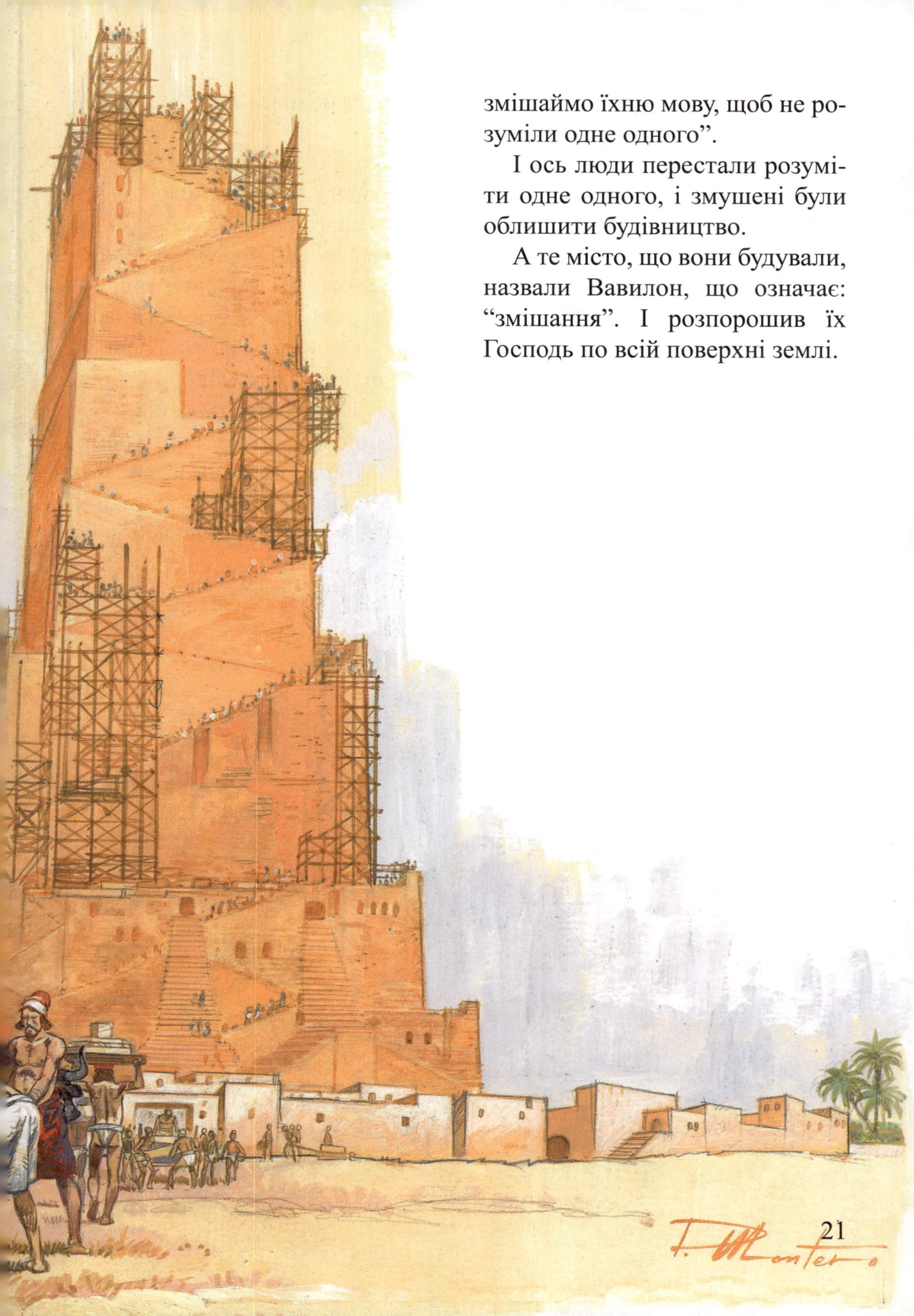

змішаймо їхню мову, щоб не розуміли одне одного”.

І ось люди перестали розуміти одне одного, і змушені були облишити будівництво.

А те місто, що вони будували, назвали Вавилон, що означає: “змішання”. І розпорошив їх Господь по всій поверхні землі.

Покликання Аврама

Бут. 11:31-12:10; 17:5; 21:5

Багато років минуло відтоді, як Бог розпорошив народи з Вавилона. Нащадки Сима, Хама та Яфета, синів Ноєвих, оселилися в різних землях. Одного з нащадків Сима звали Аврамом.

Його батько, Терах, усе життя прожив у халдейському Урі. І вирушив Терах разом з сином Аврамом, невісткою Сарою та онуком Лотом в ханаанські землі. Але, дійшовши до Харана, Терах у віці двохсот п'яти років помер.

І промовив Господь до Аврама:

"Іди в ханаанську землю. Я зроблю тебе великим народом, і благословлю тебе, і уславлю твоє ім'я. І через тебе благословляться всі народи землі".

Аврам послухався Бога й пішов, як звелів йому Господь. А був він уже немолодий: йому було сімдесят п'ять років, коли він пішов з Харана. Разом з ним пішла його дружина Сара, Лот, його небіж, і чимало слуг. І рушили вони в ханаанські зем-

лі; коли ж дійшли до Сихему, до дуба Мамре, Господь знову звернувся до Аврама: “Цю землю Я віддам твоїм нащадкам”.

І дав Бог Авраму нове ім’я — Авраам, що означає “Батько багатьох”, і пообіцяв, що у Сари народиться син.

Так і сталося. У Авраама народився син, і він назвав його Ісаком.

З часом у Ісака народилися сини, Ісав та Яків. А вже у Якова, якому Бог дав нове ім’я — Ізраїль, народилися аж дванадцятеро синів, — від них і пішов ізраїльський народ, що заселив ханаанську землю.

Так справдилася Божа обіцянка Аврааму.

Йосип та його брати

Бут. 37

В Ізраїля було дві дружини, Лія та Рахиль, але Рахиль він любив більше. У Рахилі народилися двоє синів, Йосип і Веніамин, яких Ізраїль любив особливо. Та Йосипа, первістка Рахилі, він любив найбільше.

Старші брати бачили це й заздрили Йосипові. Якось Йосипу наснилися дивні сни. У одному зі снів Йосип побачив, ніби він та одинадцять його братів стоять серед поля й в'яжуть снопи. І ось снопи, зв'язані його братами, оточують сніп, котрий зв'язав Йосип, і вклоняються йому. Іншим разом йому наснилося, буцімто йому вклоняються сонце, місяць та одинадцять зірок.

Брати, коли почули від Йосипа про ці сни, обурилися: "Невже ти справді царюватимеш над нами?!"

Навіть Ізраїль дорікав Йосипові: “Невже я, твоя мати та твої брати схилятимемось перед тобою до землі?”

Втім батько продовжував любити Йосипа й подарував йому гарне барвисте вбрання. А брати затамували на нього образу.

Одного разу, коли старші брати пасли худобу далеко від дому, батько послав до них Йосипа. Він хотів, аби той з’ясував, чи здорові брати й чи цілі отари.

Брати здалеку запримітили Йосипа, вбраного в барвистий одяг, і їхній гнів спалахнув з новою силою. “Ось іде наш сновидець!” — говорили вони один одному. І такою великою була їхня злість, що вони вирішили вбити Йосипа. “Побачимо, чи збудуться тоді його сни”, — казали вони.

І ось, коли Йосип наблизивсь, брати накинулися на нього і зірвали з нього його барвистий одяг. Проте Рувим, первісток Якова, хотів завадити злочину. “Не проливайте крові! — сказав він. — Краще киньмо його в яму”. Він сподівався, що коли у братів злість вгамується, він визволить Йосипа й відведе назад до батька. Брати послухались і вкинули Йосипа до глибокої ями.

Аж тут вони побачили караван, що прямував до Єгипту. Це купці везли свій крам на продаж. Брати вирішили продати Йосипа в рабство: вони дістали його з ями й продали купцям за двадцять срібняків.

Потім вони зарізали козеня, його кров’ю забруднили Йосипів барвистий одяг, і віднесли батькові. Ізраїль упізнав одяг улюбленого сина й вирішив, що його розірвали хижаки.

Вражений батько не знаходив утіхи. Багато днів він оплакував Йосипа, але так і не міг забути свого горя.

Йосип у Потіфара

Бут. 39:1-20

Тим часом купці відвели Йосипа до Єгипту й продали в рабство Потіфару, начальникові фараонової сторожі. Проте Господь не покинув Йосипа: йому таланило в усіх справах, у кожній роботі він мав успіх. Єгипетському вельможі сподобався

новий раб, і незабаром Йосип почав керувати всіма справами та майном Потіфара. Багатство Потіфара примножувалося, достатки в домі збільшувалися, бо Господь благословив його заради Йосипа.

Однак недовго тривало щасливе життя Йосипа в Потіфара. Йосип був вродливий і статурний. Він сподобався дружині Потіфара, і вона почала зваблювати його на гріх. Одного разу, коли вони були одні в кімнаті, вона вхопила Йосипа за одяг, аби утримати його біля себе. Йосип вирвався й утік, полишивши в її руках плаща, в який був убраний.

Тоді жінка дуже розгнівалася, скликала слуг і сказала, що Йосип намагався її зґвалтувати.

Потіфар повірив неправдивому звинуваченню й наказав укинути Йосипа до в'язниці.

Йосип у в'язниці

Бут. 40

Сталося так, що двоє наближених фараона, начальник чашників і начальник пекарів, провинилися. Фараон розгнівався на них і наказав укинути їх до в'язниці, де перебував Йосип.

І ось їм обом, однієї й тієї ж ночі, наснилися сни, значення яких вони не могли зрозуміти. Тоді Йосип сказав їм: "Хіба не Бог дає тлумачення? Розкажіть мені, що вам снилося".

Начальник чашників розповів, що снилася йому виноградна лоза, на якій було три гілки. І ось лоза зацвіла, виросли й достигли ягоди. Аж раптом у руці чашника опинилася фараонова чаша. Він узяв ягоди, витиснув їх сік у чашу, і подав фараонові.

Йосип так пояснив цей сон: "Три гілки — це три дні; за три дні фараон прикличе тебе, і ти, як і раніше, подаватимеш йому чашу й знову станеш головним чашником". Тоді Йосип попрохав начальника чашників, аби той, вийшовши з в'язниці, згадав про нього: "Розкажи про мене фараону й визволи мене з в'язниці, бо мене вкрадено із землі євреїв, і тут я також не зробив нічого поганого".

Начальник пекарів також розповів Йосипові свій сон. Йому наснилося, що він несе на голові три коші. У горішньому коші лежав хліб фараона, і його дзьобали птахи.

Йосип витлумачив і цей сон. Він сказав: "Три коші — це три дні; за три дні фараон повісить тебе на дереві, і птахи дзьобатимуть твоє тіло".

За три дні фараон влаштував учту з нагоди дня свого народження. Він згадав про чашника й повернув його на попереднє місце. Згадав він і про пекаря — і наказав повісити його, як і сказав був Йосип.

А начальник чашників, опинившись на волі, так і не згадав про Йосипа, аби визволити його.

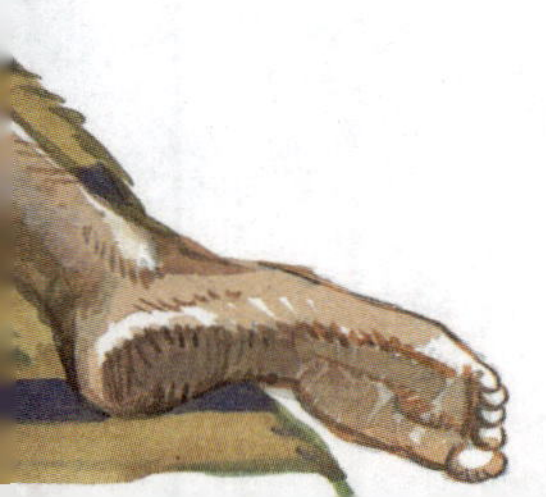

Сни фараона

Бут. 41:1-36

Минуло два роки. Йосип і далі перебував у в'язниці, і не було нікого, хто б визволив його звідти.

І ось одного разу фараонові наснився дивний сон. Ніби стоїть він біля річки, і раптом з неї виходять сім гладких корів. Потім звідти ж з'являється сім худих корів. І ось худі корови поглинули гладких, але самі не погладшали від цього. Фараон прокинувся, але відразу заснув знову. І наснилось ще й таке: ніби на одному стеблі виросло сім налитих колосків, а відразу після них виросло сім тонких колосків, обпалених вітром. І тонкі колоски поглинули налиті колоски.

Фараон здивувався таким снам. Він скликав усіх ворожбитів і мудреців Єгипту, але ніхто не спромігся витлумачити його сни. Саме тоді начальник чаш-

ників і згадав про Йосипа. Він розповів фараону, як у в'язниці разом з начальником пекарів вони побачили однієї ночі віщі сни і як Йосип правильно передрік кожному з них його долю.

Фараон послав до в'язниці за Йосипом. Коли Йосипа привели до палацу, фараон сказав йому: "Я чув, ніби ти вмієш тлумачити сни?" Йосип відповів: "Не я, — Бог дасть відповідь фараонові".

Тоді фараон розповів Йосипу все, що він бачив уві сні. А Йосип йому відповів: "Сім гладких корів і сім налитих колосків — це сім ситих років. Сім худих корів і сім тонких колосків — це сім голодних років. Протягом перших семи років в єгипетській землі буде великий достаток. Проте в наступне семиріччя — великий голод виснажить землю. І забудеться колишній достаток, не буде жодного порятунку від голоду. Аби пережити лихоліття, — продовжував Йосип, — постав над єгипетською землею розумного й мудрого начальника, і нехай він відкладає про запас п'яту частину всього збіжжя, яке вродить у роки достатку, аби воно було на поживу протягом семи років голоду".

Йосип — правитель Єгипту

Бут. 41:37-43, 47-49, 53-57

Фараонові сподобалась пропозиція Йосипа, і він сказав: "Якщо Бог відкрив усе це тобі, кого ж я знайду розумнішого й мудрішого за тебе?" Тоді фараон призначив Йосипа правителем над усією єгипетською землею, і зробив його другою після себе людиною в державі. Він надів йому на руку свого персня, зодяг у коштовне вбрання, повісив на шию золотого ланцюга та звелів возити у своїй колісниці й проголошувати перед ним: "Вклоняйтеся!"

У роки достатку Йосип зібрав збіжжя, як морського піску. Запаси його годі було порахувати. А коли настав голод, він відчинив комори, де зберігалося збіжжя, і почав продавати його єгиптянам. Люди голодували по всій землі, і лише в Єгипті був хліб. Вістка про це поширилася скрізь.

Брати Йосипа приходять до Єгипту

Бут. 41:45-46, 50-52; 42

Йосипові було тридцять років, коли фараон поставив його правителем Єгипту. Він дістав від фараона єгипетське ім'я й оженився на дочці жерця, і та народила йому двох синів — Манасію та Єфрема.

Тим часом голод змусив Якова послати синів до Єгипту, аби вони привезли хліба. Лише наймолодшого сина, Веніамина, Ізраїль залишив біля себе, побоюючись, що з ним може скоїтись якесь лихо. Решта братів прийшли до Йосипа, бо він продавав збіжжя всім, хто до нього звертався. Вони вклонилися йому до землі й сказали: "Пане наш! Ми прийшли з Ханаану, аби купити збіжжя, бо в нашій землі лютує голод".

Йосип відразу впізнав братів і згадав свої колишні сни, які так обурювали їх. Проте вони не впізнали Йосипа, бо гадали, що він давно загинув у рабстві.

Йосип вирішив випробувати братів. Розпитавши їх, хто вони та звідки, він довідався, що батько його Ізраїль живий і що в ханаанській землі залишився Веніамин, його рідний брат. Йосип зрадів, але не виявив того зовні, а навпаки почав розмовляти з братами дуже суворо. Він звинуватив їх у тому, що вони прийшли до Єгипту з лихими намірами. "Ви шпигуни й прийшли вишукувати найслабші місця в єгипетській землі", — сказав їм Йосип. Брати присягалися, що прийшли сюди лише по збіжжя й не мають на думці нічого поганого. Проте Йосип і далі наполягав, що не вірить їм. "Якщо ви люди порядні, — сказав він, — то нехай один з вас залишиться тут, а ви підіть, відвезіть збіжжя вашим сім'ям і повертайтеся разом зі своїм молодшим братом. Тоді я повірю вам і помилую вас".

Почувши такий наказ, брати зажурились — адже одному з них належало залишитися в Єгипті; та і як умовити Якова відпустити від себе Веніамина? І брати казали один одному: "Це нам покарання за гріх проти нашого брата". А Рувим мовив: "Хіба не казав я вам тоді — не грішіть проти хлопця?"

Брати й не гадали, що єгипетський вельможа, який розмовляв з ними через перекладача, може розуміти єврейську мову. Однак Йосип чудово розумів їхні слова й збагнув, що вони покаялися. Він зрадів цьому, проте планів своїх не змінив. Він залишив у себе Симеона, а решті братів наказав повертатися до ханаанської землі. Їхні мішки за наказом Йосипа наповнили зерном, а все срібло, принесене ними для розрахунку за хліб, Йосип звелів покласти до мішків зі збіжжям. Брати виявили своє

срібло в мішках, коли були вже в дорозі й не могли зрозуміти, що б це мало означати.

Вони повернулися додому й розповіли батькові про те, як їх зустрів намісник Єгипту, як він звинуватив їх, як затримав у себе Симеона та звелів привести Веніамина.

Ізраїль заплакав ревними слізьми: "Ви позбавили мене дітей. Йосипа немає, Симеона немає, і Веніамина хочете забрати, — не відпущу!"

Брати почали вмовляти батька, щоб він дозволив Веніамину піти разом з ними. Проте Ізраїль не відступав: "Брат його загинув, і він залишився один. Якщо і його спіткає лихо, то я помру від горя".

Срібна чаша

Бут. 43-44

Голод посилювався, і ось хліб у домі Ізраїля закінчився. Тоді він сказав своїм синам: "Підіть у Єгипет і купіть збіжжя". Проте брати говорили, що не можуть іти туди, якщо з ними не буде Веніамина. Юда звернувся до батька: "Я відповідатиму за нього. Якщо я не приведу його до тебе, то все життя буду винуватий перед тобою". Хоч як хотів Ізраїль залишити біля себе Веніамина, довелося погодитися із синами.

І ось зібрались вони в дорогу. Взяли із собою бальзам, мед, ладан, фісташки, мигдаль — усе, чим багата ханаанська земля, — аби зробити подарунок Йосипові. Взяли срібло, щоб заплатити за зерно, а також те срібло, яке їм повернули минулого разу.

Коли Йосипу доповіли про їхній прихід, він звелів слугам завести їх до дому.

Брати дуже налякалися й вирішили, що Йосип хоче вчинити допит за те, що минулого разу вони забрали назад срібло, не розрахувавшись за збіжжя; вони гадали, що він хоче зробити їх своїми рабами.

Тоді вони підійшли до Йосипового доморядника, щоб повернути йому срібло, знайдене

в їхніх мішках. Але той відповів: “Не бійтесь: ваш Бог нагородив вас цим сріблом, заберіть його собі”. Після цього доморядник вивів до них їхнього брата Симеона.

Опівдні прийшов Йосип. Брати передали йому подарунки, привезені з дому. Раптом Йосип побачив Веніамина. Він ледве стримував сльози радості й любові, що навертались йому на очі.

Почався бенкет. Частуючи братів, Йосип посилав їм від себе різні страви, і частка Веніаминова була щоразу вп'ятеро більша, ніж у інших.

Після цього Йосип наказав доморяднику насипати збіжжя в мішки братів і знову повернути їм усе, що вони принесли для оплати. А ще він звелів непомітно покласти в мішок Веніамина срібну чашу.

Коли брати вирушили у зворотну дорогу, Йосип наказав на-

здогнати їх і звинуватити у крадіжці.

Брати були переконані у своїй невинності. “Як же ми могли вкрасти срібло чи золото з дому твого пана? — сказали вони посланцеві Йосипа. — Адже навіть те срібло, що ми знайшли у своїх мішках минулого разу, ми повернули. Якщо в когось із нас знайдеться чаша, тому смерть; а ми тоді станемо рабами твоєму панові”.

Коли ж переглянули всі мішки, то знайшли чашу у Веніамина.

Збентежені брати повернулися до дому Йосипа. “Чим ми можемо виправдатися перед тобою? — звернувся до нього Юда. — Бачиш, ми й справді виявилися винні. Тепер ми всі — твої раби”.

“Ні, нехай рабом у мене залишається лише той, хто вкрав чашу, — відповів Йосип. — А ви можете з миром повернутись у свою землю”.

Тоді Юда розповів Йосипу, як вони вмовляли батька відпустити молодшого брата до Єгипту; як Ізраїль відмовлявся й казав, що коли Веніамина спіткає лихо, він не переживе цього; як він сам ручався привести Веніамина назад до батька. “Відпусти його з іншими братами додому, — завершив він, — а я залишусь у тебе рабом замість нього!”

Йосип відкривається братам

Бут. 45

Тоді Йосип збагнув, що брати й справді стали іншими; він не міг більше стримувати почуттів, які переповнювали його. Він відіслав усіх слуг і, залишившись наодинці з братами, вигукнув: “Я — Йосип, ваш брат, котрого ви продали до Єгипту! Проте не журіться більше: усе вийшло на краще, бо то не ви послали мене сюди, а Бог, який і поставив мене над Єгиптом, щоб зберегти ваше життя. Адже голод лютуватиме ще п’ять років. Тому вам треба негайно йти до батька та разом з ним повернутися до Єгипту, де я зможу прогодувати вас”.

Тоді фараон, почувши, що до Йосипа прийшли його брати, дав їм колісниці, щоб вони перевезли свої родини, і пообіцяв віддати кращі землі, аби вони ні в чому не мали потреби, коли переселяться до Єгипту.

Йосип послав збіжжя та інші харчі, щоб Ізраїль і його родина мали їжу в дорозі, подарував братам новий одяг, а Веніаминові дав аж п’ять убрань на зміну й триста срібняків.

Брати з’явилися до батька з радісною звісткою, що Йосип живий і владарює в єгипетській землі.

Весь рід Ізраїля зібрався в дорогу. Вони взяли із собою всю свою худобу, все майно й не-

вдовзі прибули до Єгипту. Йосип виїхав на колісниці назустріч Якову.

Радісною була ця зустріч, хоча й сліз пролилося чимало, бо розлука виявилася надто довгою!

Хлопчик у скриньці

Вих. 2:1-22

Минуло майже чотириста років. Рід Ізраїля в Єгипті надзвичайно намножився. Фараон міркував собі так: “Ізраїльський народ чисельніший і дужчий за нас, він може повстати проти нас”. І тоді він наказав кожного хлопчика, який народиться в євреїв, укидати до річки.

Саме в той час в одній єврейській родині народився хлопчик. Мати переховувала його три місяці, але, побоюючись фараонових слуг, вона все-таки змушена була розлучитися з дитиною. Вона поклала хлопчика до папірусової скриньки й залишила в очереті біля берега. Її старша донька стояла неподалік, спостерігаючи, що з ним станеться. Тієї пори до річки вийшла фараонова дочка. Побачила вона скриньку з немовлям і змилосердилась над ним. “Це з єврейських дітей”, — вирішила вона. Тут до неї підійшла сестра хлопчика й запропонувала їй привести для хлопчика годувальницю. Дочка фараона погодилась, і дівчинка привела його власну матір, котра й вигодувала його. Коли хлопчик підріс, його відвели до фараонової дочки. Та назвала малюка Мойсеєм і виховала як свою дитину.

Коли Мойсей виріс, він не міг спокійно дивитися, як єгиптяни утискують ізраїльтян. Якось, побачивши, що єгиптянин б’є єврея, він заступився за нього, і вбив кривдника. Фараон довідався про це й хотів стратити Мойсея.

Тоді Мойсей змушений був утекти до мідіянського краю. Там він узяв собі за дружину Ціппору, дочку місцевого священика, і вона народила йому сина.

Господь з'являється Мойсеєві

Вих. 3:1-16; 4:1-20, 27-31

Одного разу Мойсей пас овець свого тестя. Він зайшов з отарою далеко в пустелю, і раптом бачить — терновий кущ, охоплений полум'ям. Проте найдивовижніше те, що кущ горів, але не згорав! Здивований Мойсей наблизився, і раптом з полум'я до нього звернувся Господь. "Я Бог Авраама, Ісака та Якова, — мовив Він. — Я побачив страждання Мого народу в Єгипті й виведу його до чудової землі, призначеної для синів Ізраїлевих. Для цього Я обрав тебе: ти маєш піти до фараона й просити його відпустити Мій народ". "Хто я такий, щоб іти до фараона й провадити з Єгипту синів Ізраїлевих? — запитав Мойсей. — Ось я прийду й скажу народові: "Бог батьків ваших послав мене до вас". А вони запитають: "Як Його звати?" Що я маю відповідати?" Господь сказав йому: "Я Той, що є. Отак скажи Ізраїлевим синам: Господь, Бог батьків наших, Бог Авраама, Ісака та Якова послав мене до вас". Проте Мойсей і далі вагався, побоюючись, що йому буде нелегко вмовити народ на таку важку й небезпечну справу.

Тоді Господь дав Мойсеєві ознаку. Він наказав йому кинути на землю палицю, що була в його руці. Мойсей кинув, і палиця перетворилася на змію! Мойсей перелякався й почав тікати. Проте Господь зупинив його й звелів узяти змію за хвіст. Як тільки Мойсей це зробив, змія знову стала палицею. "Якщо ця ознака не переконає народ, — сказав Господь, — ось їм друга ознака. Поклади руку за пазуху". Мойсей послухався, і ось його рука вмить вкрилася проказою. Коли ж за наказом Господа Мойсей знову вклав руку й вийняв її — проказа щезла.

“Якщо й тоді народ не послухає тебе, то набери води з річки, вилий її на землю — і вона стане кров’ю”, — сказав Господь. Проте Мойсей і далі не погоджувався: “Я не зможу переконати людей, бо я тяжкоязикий!” “У тебе є брат Аарон, — сказав Господь. — Він промовлятиме замість тебе, а Я вчитиму вас, що робити”.

Тоді Мойсей повернувся додому, взяв дружину й дітей, та й вирушив до Єгипту. Назустріч йому вийшов Аарон, і Мойсей розповів йому про свою розмову з Богом. Вони скликали всіх ізраїльських старшин, і Аарон промовляв до них, а Мойсей здійснював ознаки.

І народ повірив, що Мойсей справді Божий посланець.

Десять Заповідей. Завіт

Вих. 19:1; 20:1-19; 24:3-8; 31:18; Повт. 5:6-33

Третього місяця після виходу з Єгипту Господь привів ізраїльський народ до Синайської пустелі, до гори Синай. Тоді Господь зійшов на вершину гори — це супроводжували громи, блискавки і потужний звук сурем.

За наказом Господа Мойсей піднявся на гору. Тоді Бог дав народові Десять Заповідей:

"Я — Господь, Бог твій, що вивів тебе з єгипетського краю з дому рабства. Хай не буде в тебе інших богів, крім Мене!

Не роби собі різьби й усякої подоби з того, що на небі, і що на землі, і що у воді. Не вклоняйся їм і не служи їм, бо Я — Бог ревнивий, що карає за провину батьків до четвертого покоління і благословляє до тисячного покоління тих, хто любить Мене.

Не призивай Імені Господа, Бога твого, надаремно.

Пам'ятай день суботній, щоб святити його! Шість днів працюй, а день сьомий — відпочинок для Господа Бога твого.

Шануй своїх батьків!

Не вбивай!

Не чини перелюбу!

Не кради!

Не свідчи неправдиво на свого ближнього!

Не жадай нічого з того, що є у твого ближнього!"

Крім того Бог дав Мойсеєві численні закони й постанови, згідно з якими мали жити сини Ізраїлеві.

Коли Мойсей повернувся до народу й переповів усі Господні слова, люди одноголосно сказали: "Усе, про що говорив Господь, зробимо!"

Тоді Мойсей спорудив жертівника, в основу якого було покладено дванадцять каменів, за кількістю племен Ізраїля, і приніс Господу жертву. Мойсей покропив кров'ю жертівник, а також увесь народ, промовивши: "Ось кров завіту, що Господь уклав з вами".

Потім Господь наказав Мойсею знову зійти на гору Синай, де Він розмовляв з ним протягом сорока днів. А коли Господь закінчив розмову з Мойсеєм, то дав йому дві камінні таблиці, на яких були написані Десять Божих Заповідей.

Золоте теля

Вих. 32:1—34:28; Повт. 9:9-21; 10:1-5

Коли народ побачив, що Мойсей довго не повертається із Синаю, то почав просити Аарона: "Зроби нам боввана, який завжди був би з нами! А то Мойсей пішов, і ми не знаємо, що з ним!" Аарон звелів зібрати золоті сережки, що були в жінок, переплавив золото й зробив з нього велике лите теля. Люди зраділи й закричали: "Ось бог Ізраїля, що вивів нас із Єгипту!" І вклонилися литому теляті, і принесли йому жертви.

Тоді Господь сказав Мойсею: "Повертайся мерщій до свого народу, бо він учинив гріх. Як же швидко збочили вони зі шляху, котрий Я їм заповів! Вони прогнівили Мене — Я знищу їх, і виведу численний народ від тебе". Мойсей став благати Господа відвернути Свій гнів і не знищувати ізраїльтян за їхній гріх, і Господь вислухав його благання.

Зійшовши з гори, Мойсей побачив, як усі танцюють навколо золотого теляти. Тоді він запалав гнівом, кинув таблиці із Заповідями, що були у нього в руках, і вони розбилися.

Раз у раз звертався Мойсей до Господа й просив Його простити синів Ізраїля: не позбавляти їх Своєї ласки й супроводжувати на шляху до Обіцяної Землі. І Господь зглянувся на його благання. Він звелів Мойсею витесати дві нові таблиці, схожі на попередні, і знову зійти з ними на Синай.

Там Господь ще раз повторив Мойсею всі Закони й Заповіді. Знову протягом сорока днів залишався Мойсей на Синаї й нарешті, зійшовши з гори, оголосив народу, що Господь не залишить їх і супроводжуватиме до Обіцяної Землі.

Спорудження скинії та ковчегу завіту

Вих. 35-40

Після цього Мойсей закликав ізраїльтян зібрати золото, срібло, мідь, вовну, коштовне каміння, щоб зробити скинію та ковчег завіту згідно з тим, як наказав йому Господь. Кожний добровільно подарував те, що в нього було. Незабаром було зібрано достатньо матеріалу для спорудження скинії та ковчегу за зразком, який дав Господь. Господь сповнив мудрістю й великою майстерністю визначених мужів, які керували всіма роботами.

Коли нарешті скинія, ковчег і все необхідне для служіння Господу було готове, скинію огорнула хмара — це була слава Господня!

Коли хмара підіймалась, ізраїльтяни вирушали в дорогу. Коли ж вона стояла, вони залишалися на місці. Так Господь супроводжував народ під час усіх його мандрів.

Сорок років покарання

Числ. 13:1-4,27-34; 14

І ось нарешті Господь привів ізраїльтян до меж Обіцяної Землі, де вони стали табором. І сказав Господь Мойсею: "Пошли по одному чоловікові з кожного племені до ханаанської землі, яку Я дам синам Ізраїля, і нехай вони її оглянуть". Мойсей так і зробив; і дванадцять чоловіків вирушили до Ханаана. Вони мали довідатись, чи сильні народи населяють цю землю, чи численні вони, чи багато у них міст і як вони укріплені. До того ж вони мали побачити, наскільки родюча та земля.

Розвідники повернулися через сорок днів і розповіли, що земля дуже родюча, але заселена численним і потужним народом; міста добре укріплені, і немає жодної можливості заволодіти ними. Лише двоє з усіх, хто ходив до Ханаана, Ісус Навин та Калев, переконували всіх у протилежному.

Проте люди не слухали їх, вони нарікали на Мойсея та Аарона, кажучи: “Ви привели нас сюди, щоб вороги вигубили нас мечем, краще нам повернутися до Єгипту”. Ісус Навин та Калев умовляли народ не боятися ханаанеїв, бо Господь захистить ізраїльтян і віддасть ворогів їм до рук; ізраїльтяни одержать чудові землі, і закінчиться їхня мандрівка пустелею. Проте їх ніхто не послухав.

Тоді з’явився Господь у скинії завіту й сказав Мойсею: “Усі ті люди, які бачили славу Мою й ознаки Мої, які чинив Я в Єгипті та в пустелі, але й далі вперто не слухають Мене, не побачать тієї землі, яку Я обіцяв був їхнім батькам. Але Калев та Ісус Навин увійдуть до неї, тому що не зневірилися в Мені. Усі ж інші, старші за двадцять років, помруть у пустелі; лише ваші діти ввійдуть до Обіцяної Землі. Сорок років вони спокутуватимуть ваш гріх і блукатимуть пустелею!”

Почувши вирок Господа, народ дуже засмутився. Знайшлися люди, котрі закликали негайно йти до Ханаана й битися з його народами. Мойсей зупиняв їх, кажучи, що тепер Господь не з ними, і їм не перемогти ворогів. Однак вони не послухалися його. Як і казав їм Мойсей, вони були розбиті ханаанеями.

Заколот Корея

Числ. 16:1-35

Ізраїльтяни продовжували подорожувати пустелею. Господь перебував у скинії й провадив їх за Собою. Усі Свої накази Він передавав через Мойсея та Аарона, а ті пояснювали їх людям. Однак Корей поставив під сумнів їхнє право бути посередниками між Богом і людьми. Він зібрав двісті п'ятдесят спільників, і вони звернулися до Мойсея та Аарона зі словами: "Чому ви підноситеся над народом Господа?"

Тоді Мойсей запропонував Корею: "Збери своїх спільників біля скинії, і ми також прийдемо туди. Господь нехай Сам розсудить між нами". І ось, коли вони зібралися перед скинією, з'явилася всьому народові слава Господня. І сказав Господь Мойсею та Аарону: "Відділіться від цього народу, — Я винищу його!" Тоді Мойсей та Аарон стали благати Господа: "Боже, Боже духів і кожного тіла! Як згрішить один чоловік, чи Ти будеш гніватися на всю громаду?"

Тоді Господь звелів, щоб увесь народ відійшов від наметів Корея та двох його прибічників, Датана та Авірона. Усі зробили так, як наказав Господь. Раптом земля розступилася, і поглинула намети заколотників, їх самих і все їхнє майно. Потім вийшов вогонь від Господа і знищив усіх двісті п'ятдесят спільників Корея.

Мідяний змій

Числ. 21:4-9

Одного разу, блукаючи пустелею, ізраїльтяни знову почали нарікати на Бога та на Мойсея, кажучи: "Навіщо ви вивели нас із Єгипту? Аби ми повмирали в пустелі? Тут немає ані хліба, ані води, нам вже обридла ця непридатна їжа". Тоді Господь, бачачи їхні постійні нарікання, послав на них отруйних змій, і багато людей померло від їхніх укусів. Народ збагнув, що згрішив перед Господом, прийшов до Мойсея, та й сказав: "Згрішили ми, бо говорили проти Господа та проти тебе. Молися до Господа, і нехай Він забере від нас цих змій". Мойсей помолився, і Господь звелів зробити мідяного змія й виставити його на жердині. І було, коли змія вкусить людину, а та людина погляне на того мідяного змія, то залишалася живою.

Молитва Анни

1 Сам. 1

Жив в Ізраїлі один чоловік на ім’я Елкана, і мав він дві дружини. Одну звали Анна, а другу — Пеніна. У Пеніни були діти, а в Анни дітей не було. І все ж Елкана Анну кохав більше. Кожного року Елкана ходив до Господнього дому й приносив жертви Господу. Коли ж повертався, то давав усім належні їм частки, а Анні давав подвійну частку, бо любив її. Пеніна весь час заздрила й ображала суперницю, глузуючи з її бездітності. Нещасна Анна часто плакала й просила Бога, щоб Він подарував їй сина. Вона обіцяла: якщо в неї народиться хлопчик, вона віддасть його Господу на служіння.

Якось, коли вона палко молилася й плакала в храмі, її побачив священик Ілій. Він підійшов до неї й запитав: “Що з тобою? Чи ти часом не п’яна?” Анна розповіла йому про своє горе. Тоді священик відповів їй: “Іди з миром. Бог виконає твоє прохання”.

Наступного року у Анни народився син, і вона назвала його Самуїлом. Коли хлопчик трохи підріс, вона привела його до священика Ілія, кажучи: “Я молилася про цю дитину, і Господь дав мені її. Тепер я віддаю її на служіння Господу”.

Покликання Самуїла

1 Сам. 3:1-10, 20

Минав час. Самуїл зростав у домі Ілія й служив Господу. Та якось уночі він почув, що його кличе якийсь голос. Самуїл подумав, що то Ілій, і мерщій побіг до нього, але той сказав, що не кликав його. Так повторювалося ще двічі. Нарешті Ілій збагнув, що це Бог звертається до Са-

муїла, і сказав: “Коли голос покличе тебе знову, скажи: “Говори, Господи, я чую Тебе”. Знову з’явився Господь Самуїлу, і той відповів, як навчив його Ілій.

А незабаром увесь Ізраїль довідався, що Самуїл обраний Богом пророк.

Помазання Саула на царя

1 Сам. 8; 9:15-21; 10:1,9-11, 17-27; 13:13-14; 15:22-28

Протягом багатьох років Самуїл був суддею Ізраїля. Коли ж він постарів, то настановив суддями своїх синів. Проте вони поводилися нечестиво: вимагали хабарі й порушували Божі Заповіді. Тоді зібралися старші з народу, прийшли до Самуїла, та й кажуть: "Ось ти постарів, а сини твої нечестиві. Тож постав над нами царя, щоб він нами правив, як в інших народів".

Самуїлу дуже не сподобалося їхнє прохання. Він помолився до Господа, і Господь відповів йому: "Не тебе вони відкинули, а відкинули Мене, аби Я не царював над ними. Так вони чинять відтоді, як Я вивів їх з Єгипту. Скільки разів вони залишали Мене й служили іншим богам! Тож нехай буде так, як вони просять. Але перед тим розкажи їм про права царя".

Самуїл переказав усі ці слова народові, а потім намагався пояснити людям, що Ізраїлю не потрібний інший цар, крім Господа; що цар братиме з народу воїнів і ремісників, аби вони служили йому; він розпоряджатиметься їхніми ланами й виноградниками, забираючи частину плодів, вимагатиме рабів і відбиратиме худобу... Проте народ навіть не слухав його застережень, а вперто вимагав собі царя.

Невдовзі Господь сказав Самуїлу, що до нього прийде людина, яка й царюватиме в Ізраїлі. І ось прийшов до Самуїла високий, ставний юнак, на ім'я Саул, з Веніаминового племені. Він був із заможної родини й шукав батькових ослиць, що заблукали. Самуїл помастив його голову оливою й провістив, що він царюватиме в Ізраїлі. Тоді на Саула зійшов Дух Господній, і він раптом відчув у собі силу прийняти царство.

Самуїл скликав народ і, вказавши на Саула, сказав: "Ось той, кого вибрав Господь, щоб він був вашим царем!"

Саул був хоробрим воїном. З Божою допомогою він переміг багатьох ворогів. Але він не мав міцної віри, і порушував Божі накази.

І ось одного разу Самуїл сказав йому: "За те, що ти відкинув Господнє слово, Він також відкинув тебе, щоб ти не царював над Ізраїлем".

Обрання Давида

1 Сам. 16

Господь об'явив Самуїлові, що знайшов іншу людину, яка гідна царювати в Ізраїлі. Самуїл наповнив свій ріг оливою і, за словом Господа, пішов до Вифлеєма. Там він знайшов Єссея, один із синів котрого й був Божим обранцем. Коли Єссей прикликав синів, Самуїл, побачивши одного з них, вирішив, що він і є майбутній цар Ізраїля. Проте Господь сказав Самуїлу: "Дарма, що він ставний та високий, — Я обрав не його; Я дивлюсь не так, як дивиться людина: людина дивиться на обличчя, а Бог дивиться на серце". І Він вказав на наймолодшого Єссеєвого сина — Давида. Тоді Самуїл таємно помазав його на царство. І злинув на Давида Дух Господній, і надалі завжди перебував з ним.

Тим часом Саул, відкинутий Господом, дедалі частіше відчував внутрішнє пригнічення й тривогу, а тому слуги порадили йому покликати когось із музикантів, аби той розважав царя своєю грою. І покликали Давида, оскільки він гарно грав на арфі. Так Давид почав слугувати в домі царя, полегшуючи Сауловi страждання своєю грою на арфі.

Давид і Голіаф

1 Сам. 17

Якось на Ізраїль напали филистимці. Саул зібрав ізраїльське військо й вишикував його навпроти ворожого. Тоді з филистимських лав вийшов Голіаф, високий і дужий воїн, він почав викликати ізраїльтян на поєдинок. Голіаф висунув вимогу: якщо його хтось переможе, филистимці стануть рабами Ізраїля, а якщо переможе він — ізраїльтяни служитимуть филистимцям. Ізраїльтяни злякались, бо Голіаф був височезний на зріст, мав потужний панцир і здавався непереможним. Ніхто не наважувався битися з ним.

Тим часом Давид пас овець, а троє його найстарших братів пішли до війська воювати з филистимцями. І ось батько послав Давида провідати братів у війську. Коли ж Давид прийшов до військового стану, Голіаф знову виступив і почав зневажати військо Ізраїля. Давид, почувши, як той зневажає військо Живого Бога, вирішив стати з велетнем до двобою. Саул намагався відмовити його: “Ти не можеш змагатися із цим филистимцем, бо ти ще хлопчина, а він — досвідчений воїн”. Але Давид відповів

Саулу: “Я пас батькові вівці, і коли часом приходив лев або ведмідь і забирав вівцю з отари, я переслідував його, нападав на нього і відбирав вівцю просто з пащі; а якщо він кидався на мене, то я брав його за кудлі й убивав. Господь зберіг мене від лева й ведмедя — Він захистить мене й від цього филистимця”.

Тоді Саул зодяг Давида у власний одяг, дав мідний шолом на голову, надів на нього панцир і почепив на пояс меча. Але Давид не звик ходити у важкому військовому спорядженні й зняв його із себе. Він узяв свій пастуший кий, поклав у торбу кілька гладеньких камінців зі струмка, узяв пращу і рушив назустріч Голіафу.

Филистимець дуже здивувався, побачивши перед собою беззбройного юнака. Натомість Давид сказав йому: “Ти йдеш проти мене з мечем та списом, а я йду проти тебе в Ім’я Господа Саваота, Бога військ Ізра-

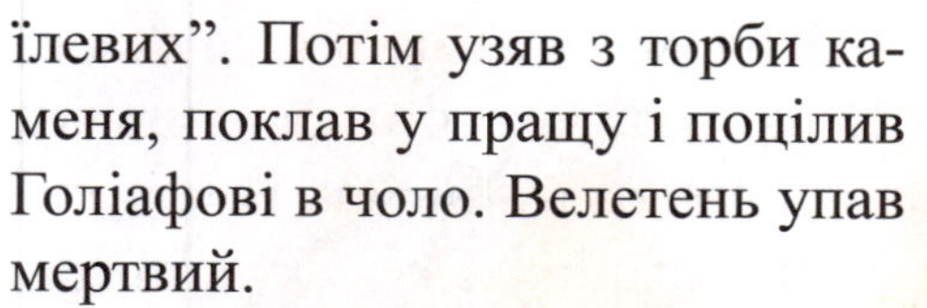

їлевих". Потім узяв з торби каменя, поклав у пращу і поцілив Голіафові в чоло. Велетень упав мертвий.

Коли филистимці побачили, що їхній воїн переможений, то почали втікати, а ізраїльтяни переслідували їх, доки не прогнали геть зі своєї землі.

Саул переслідує Давида

1 Сам. 18; 22:1-6; 24; 26:1; 27:12

Після перемоги над Голіафом Саул наблизив до себе Давида й доручив йому командувати своїм військом. Давид віддано виконував будь-яке доручення царя й здобував усе більшу любов народу. Особливо полюбив його син Саула Йонатан. Усе це викликало в царя заздрість.

Саул збагнув, що Господь обрав Давида, аби він став царем Ізраїля і вирішив будь-що усунути суперника.

Одного разу Саул мав поганий настрій, і Давид грав на арфі, аби відволікти й заспокоїти царя. Раптом цар ухопив списа й кинув у Давида. Давид ледве ухилився від разючого удару.

Згодом Саул пообіцяв Давиду віддати за нього свою дочку, але спочатку той має вбити сто филистимців. Так Саул сподівався знищити Давида руками ворогів. Однак Давид виконав вимогу царя, а кількість убитих филистимців була навіть удвічі більша, ніж зажадав Саул. Цареві довелося виконати свою обіцянку: його дочка Мелхола стала дружиною Давида.

А Саул і далі виношував плани, як позбутися Давида. Лише щира дружба Йонатана допомогла Давидові уникнути загибелі від рук Саула та його слуг. Давид був змушений утікати. Він переховувався в лісах та печерах, а Саулові слуги розшукували його.

Врешті Давид утік у филистимські землі, і переслідування припинилося. Тоді почали до нього сходитися всі його прихильники, і зібрався загін, що налічував близько чотирьохсот воїнів. Давид вирішив разом зі своїм загоном повернутися на рідні землі.

Саул, почувши, що Давид знову повернувся, зібрав військо й вирушив на пошуки Давида та його людей, аби знищити їх.

Одного разу сталося так, що Саул один увійшов до печери, де переховувалися Давид та його люди. У печері було темно й Саул їх не помітив. Давидові воїни хотіли вбити Саула, але Давид зупинив їх. Коли ж Саул дізнався про це, то розкаявся й вигукнув: "Хто ще, заставши ворога зненацька, відпустив би його живим? Господь відплатить тобі добром за те, що ти мені зробив, тепер я знаю напевно, що ти обов'язково царюватимеш. Повернися, сину мій Давиде, і я більше не завдавати-

му тобі лиха; я вельми грішний перед тобою".

Розкаяння Саула було щире, але нетривале. Через деякий час він знову почав переслідувати Давида, прагнучи його вбити. Тоді Давид знову втік до филистимців, і Саул припинив переслідування.

А Давид зі своїми людьми пішов служити до Ахиша, царя одного з филистимських міст. Ахиш дуже зрадів, гадаючи, що Давид, ображений ізраїльтянами, завжди йому слугуватиме.

Загибель Саула

1 Сам. 29; 31; 2 Сам. 1

Через деякий час филистимці знову зібрали своє військо, і вирушили війною на Ізраїль. Давид і його воїни пішли разом з ними. Проте филистимські князі не хотіли, аби Давид брав участь у війні, побоюючись, що він поверне зброю проти них. Тому Давид повернувся назад, а филистимці рушили далі.

Невдовзі Давид довідався, що филистимці розбили військо ізраїльтян, Саул та його троє синів загинули в бою, серед них був і відданий друг Давида Йонатан.

“Загинув ізраїльський цар, помазаник Божий, зазнало поразки ізраїльське військо, поліг у бою найкращий друг Йонатан!” — промовляв Давид у жалобі.

Давид стає царем

2 Сам. 2:1-4; 4:5-5:5

Тепер Давидові не було потреби залишатись у филистимців, він повернувся в землі своїх батьків, що належали нащадкам Юди. Там його проголосили царем Юдеї, а над рештою племен Ізраїлю зацарював син Саула Іш-Бошет.

Втім, царювання Іш-Бошета виявилося нетривалим. Двоє його наближених прокралися до його відпочивальні й підступно вбили. Потім відтяли його голову й принесли до Юдеї — Давидові. Давид розгнівався й вигукнув: “Коли негідники вбили невинну людину в її власному домі та в її постелі, — то невже я не зітру їх з лиця землі?” І Давид наказав стратити вбивць Іш-Бошета.

Народ Ізраїлю давно хотів, аби Давид став у них володарем. Тому після смерті Іш-Бошета старшини проголосили Давида царем Ізраїля.

Сім років Давид правив Юдеєю, маючи своєю столицею Хеврон. Коли ж його проголосили царем Ізраїля, він переніс столицю до Єрусалима й царював там протягом тридцяти трьох років.

Непослух Йони

Йона 1-2

Одного разу Господь промовив до пророка Йони: "Іди до міста Ніневії й скажи його мешканцям, що через їхнє нечестя Я винищу все місто".

Проте Йона не захотів виконувати доручення Бога й вирішив утекти від Господа. Він сів на корабель, який мав плисти у протилежний від Ніневії бік, і корабель вийшов у відкрите море.

Коли корабель вже був дуже далеко від берега, Господь наслав сильний шторм. Корабель

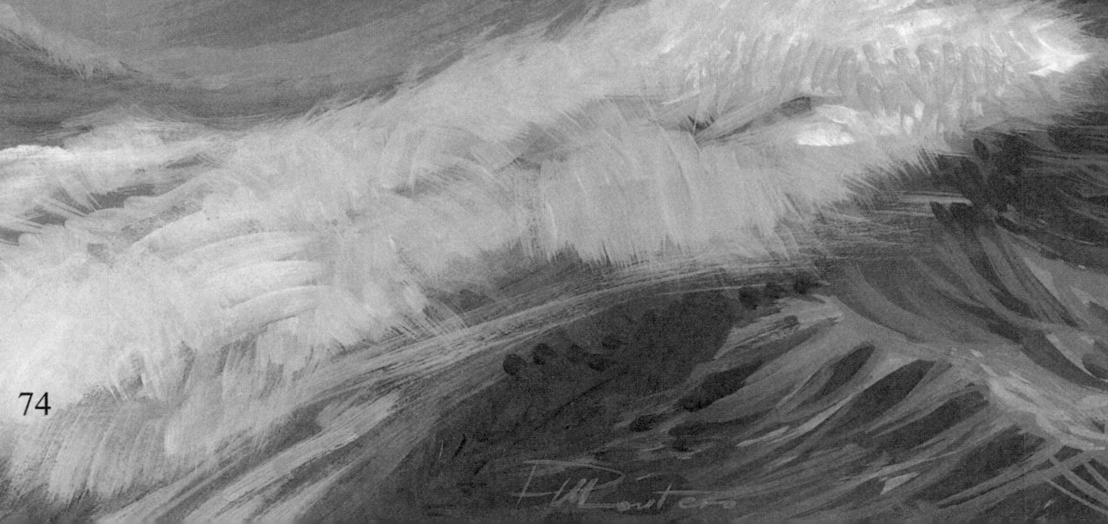

кидало, наче тріску, і він ось-ось міг потонути. Перелякані моряки запитали Йону, чи не знає він через кого їх спіткало це лихо. Тоді Йона визнав, що утікає від Господа, і сказав: “Візьміть мене й укиньте в море — тоді буря втихне”.

Моряки почали щосили веслувати, аби дістатися до берега, але шторм лютував ще більше. Тоді вони викинули Йону за борт, і море відразу вгамувалося.

Та Йона не загинув: Господь звелів великій рибі проковтнути його. Він пробув у череві риби три дні й три ночі; там він звернувся до Господа з молитвою. Бог почув щире Йонине каяття, і звелів рибі виплюнути його на суходіл.

Урок милосердя

Йона 3-4

Знову звернувся Господь до Йони й звелів йому йти до Ніневії, аби попередити її мешканців про Божий гнів. Цього разу Йона й не думав противитися Богові, а відразу пішов виконувати Божий наказ.

Увійшовши в місто, він почав голосно проголошувати: “Ще сорок днів — і Ніневію буде зруйновано!” Мешканці Ніневії, почувши Слово Боже, звернене до них через Йону, дуже налякалися й почали каятись. Цар Ніневії встав зі свого трону, зняв царське вбрання й на знак каяття одягнувся в мішковину; він оголосив мешканцям міста, щоб усі постилися, — можливо, Бог змилується й не каратиме місто за його гріхи. Бог побачив каяття ніневітян і помилував їх.

Побачивши це, Йона дуже розсердився, адже він даремно пророкував про загибель Ніневії. Він сказав Господу: “Забери моє життя, краще я помру!”

Він вийшов з міста й сів неподалік, аби побачити, що станеться з містом. І виросла з волі Божої висока рослина, і вкрила Йону своєю тінню. Йона дуже зрадів цьому.

А наступного дня Бог влаштував так, що черв’як підточив рослину, і вона всохла. Це дуже засмутило Йону. Тим часом сонце почало припікати Йоні голову, аж він знеміг, і знову почав волати до Господа: “Краще мені померти, ніж жити!”

Тоді Господь сказав йому: “Ти пошкодував рослину, до якої не докладав зусиль і яку не вирощував, котра за одну ніч виросла і за одну ніч пропала. Як же Мені не пошкодувати Ніневії, великого міста, в якому понад сто двадцять тисяч жителів?”

Господь випробовує Йова

Йов 1:1-2:10

Жив собі чоловік на ім'я Йов. Він був невинний, праведний і богобійний, мав сім синів та три дочки; був він щасливий та багатий.

Одного разу прийшов сатана до Господа. А Господь і питає його: "Звідки ти прийшов?" А той відповів: "Я ходив по землі та обійшов її". Тоді Господь запитав: "Чи звернув ти увагу на Мого раба Йова?"

"Хіба Йов дарма богобійний? Адже Ти благословляєш і захищаєш його та всю його родину! Але простягни руку й доторкнись до всього, що в нього є, — чи залишиться він відданим Тобі?" — відповів той.

Тоді Господь і каже сатані: "Усе, що він має, віддаю у твої руки, але його самого не чіпай".

Пройшло небагато часу, і ось прибіг до Йова посланець і повідомив, що прийшли чужинці й позабирали всіх волів та ослиць Йова. Щойно він закінчив говорити, як з'явився другий посланець і сказав, що немає тепер у Йова й овечих отар. Після нього прийшов ще один, який повідомив, що верблюдів також забрали. Нарешті, прийшла нова сумна звістка, що перевершила всі попередні лиха: усі діти Йова були в домі найстаршого брата, аж раптом налетів сильний вітер і зруйнував дім, а всі діти загинули.

Тоді Йов на знак жалоби розідрав свій одяг, обстриг голову, впав долілиць і сказав: "Господь дав — Господь і взяв. Нехай благословиться Його Ім'я!"

Знову з'явився сатана перед Господом. А Бог і каже: "Чи бачиш? Йов і тепер непохитний у своїй невинності, а ти підбурював Мене проти нього". Відповів сатана: "Простягни руку й торкнись його тіла — чи залишиться він відданий Тобі?" І знову Господь дозволив випробувати Йова.

Тоді сатана вразив Йова: усе його тіло вкрилося гнійними ранами. Йовова дружина в розпачі вигукнула: “Ти й далі тримаєшся своєї праведності?! Прокляни Бога — і помреш!” Натомість Йов відповів: “Невже тільки радість ми прийматимемо від Бога, а горе — ні?” І не згрішив Йов при цьому, бо не став нарікати на Господа.

Суперечка Йова з друзями

Йов 2:11-42:17

Троє друзів, довідавшись про нещастя, що спіткали Йова, прийшли до нього, аби розділити його скорботу й потішити його. А Йов страждав, чекаючи на смерть.

І сказав перший із його друзів: "Хіба може людина бути праведніша за Бога? Якщо Господь покарав тебе — прийми Його покарання".

Другий сказав, що Бог справедливий і не карає невинного, а третій додав, що Йову треба отримати прощення своїх гріхів.

Йов стверджував, що його вчинки й думки чисті, а у відповідь чув лише звинувачення в неправедності, бо лише грішника Бог карає такими тяжкими стражданнями.

Йов ніяк не міг зрозуміти, навіщо Бог допустив його страждання?

"Протягом усього життя я слухався Господа, віддано дотримувався Його Заповідей і законів. Чому ж Він такий несправедливий?" — став нарікати Йов.

Тут до розмови втрутився чоловік на ім'я Елігу, що слухав розмову Йова з трьома друзями. Він докорив Йову за його нарікання, — адже Бог більший за

людину, і хто може вказувати Богові, що Йому робити?

Аж раптом Йову з'явився Сам Господь і став з ним розмовляти. Бог сказав Йову, що він намагається звинуватити Господа, аби виправдати себе; але людині не під силу збагнути Божі задуми, так само, як вона не може збагнути усієї величі Божого творіння.

Тоді Йов усвідомив, наскільки нікчемні були всі його міркування й нарікання перед Господом, і він покаявся за свою суперечку з Богом.

Господь повернув йому здоров'я і нагородив багатством удвічі більшим, ніж він мав раніше. У Йова знову народилося сім синів і три дочки; він прожив довге і щасливе життя.

НОВИЙ ЗАВІТ

Ангел сповіщає про народження Ісуса

Лк. 1:26-38

У місті Назареті, що в Галилеї, на півночі Ізраїлю, жила дівчина на ім'я Марія. Вона була заручена з теслею Йосипом, який походив з роду великого царя Давида.

Якось Марії з'явився Ангел Гавриїл, посланий Богом. Він сказав їй: "Радій! Бог обрав тебе серед усіх жінок".

Марія збентежилась і злякалась: що ці слова мали б означати? Але Ангел заспокоїв її: "Не бійся, Маріє! Бог благословив тебе народити Сина, якого ти назвеш Ісусом. Він вічно царюватиме над Ізраїлем і називатимуть Його Сином Божим".

Проте Марія не могла зрозуміти, як у неї може народитися син, якщо вона не одружена.

"Дух Святий зійде на тебе, тому й назвуть твоє Дитя Сином Божим. Ось і родичка твоя Єлизавета, хоча й похилого віку, також чекає дитину. Для Бога немає нічого неможливого".

Марія з готовністю й покорою прийняла волю Бога.

Зустріч Марії з Єлизаветою. Народження Івана Хрестителя

Лк. 1:5-25, 39-45, 57-64

Родичка Марії Єлизавета жила на півдні країни, в гористій Юдеї. Вони з чоловіком, священиком Захарією, були праведними людьми й ретельно виконували Божі Заповіді. Усе життя вони сподівалися мати дітей і молили про це Господа. Бог чув їхні молитви, але не давав їм дітей, бо у Нього був щодо них Свій особливий намір.

Одного разу, коли Захарія служив у храмі, йому з'явився Ангел Божий. Захарія дуже злякався, проте Ангел сказав йому: "Не бійся, Захаріє. Бог почув твої молитви: у вас із Єлизаветою народиться син, ти ж назвеш його Іван. Він стане втіхою

для тебе, і багатьох синів Ізраїлю наверне до Бога".

Однак Захарія ніяк не міг повірити Ангелу, бо вони з Єлизаветою були вже похилого віку — як же в них може народитися дитина?

Тоді Ангел сказав Захарії: "Я Гавриїл, мене послано, щоб звістити тобі цю Добру Новину. Але через те, що ти не повірив цій моїй звістці, ти не зможеш говорити, аж доки все це не збудеться". І справді, вийшовши з храму, Захарія не міг вимовити жодного слова, а лише жестами давав зрозуміти присутнім, що бачив видіння від Бога.

Незабаром Єлизавета зрозуміла, що стане матір'ю. А через шість місяців її відвідала Марія. Майбутня матір Ісуса увійшла до оселі й поцілувала Єлизавету. У цей момент дитина в утробі Єлизавети радо заворушилася. "Господь благословив тебе й твого Сина, Маріє! — вигукнула Єлизавета. — І хто ж я така, що до мене прийшла мати мого Господа?!"

Марія пробула в Єлизавети близько трьох місяців, після чого повернулася додому. А Єлизавета народила хлопчика. Захарія назвав його Іваном. У ту ж мить мова повернулася до нього.

Сон Йосипа

Мт. 1:18-25

Тесля Йосип, з яким було заручено Марію, був людиною доброчесною й праведною. Довідавшись, що Марія чекає Дитину, він не бажав ганьбити її й вирішив потай відпустити її.

Але щойно він подумав про це, як уві сні йому з'явився Ангел Господній і сказав: "Йосипе, не бійся прийняти Марію. Дитина, котру вона носить, — від

Духа Святого. Вона народить Сина, і ти назвеш Його Ісусом: Він врятує людей Своїх від їхніх гріхів".

Прокинувшись, Йосип учинив усе так, як звелів йому Ангел Господній: він прийняв Марію, і вона стала його дружиною.

Народження Ісуса

Лк.2:1-7

У той час римський імператор Август, під владою котрого була ізраїльська земля, наказав провести загальний перепис населення. Для цього кожний мешканець мав зареєструватись

у тому місті, де жили його предки. Батьківщиною роду Давида, до якого належав Йосип, був Вифлеєм, що знаходився на півдні, в Юдеї; туди й вирушив Йосип з Марією.

Коли вони прибули до Вифлеєма, виявилося, що в міському заїзді немає вільних місць. Лише в печері, де тримали худобу, їм вдалося знайти притулок. Марії ж прийшов час народжувати. І народила вона свого Первістка — Сина, і сповила Його, і поклала в яслах на сіні.

Пастухи

Лк. 2:8-18

Тієї ночі, коли народився Ісус, у полі неподалік від Вифлеєма пастухи стерегли свою отару. Раптом перед ними в усій величі постав Ангел Господній. Пастухи дуже налякались. Але Ангел промовив до них: “Не бійтесь! Я сповіщаю вам велику радість, що прийшла у світ. У місті Давидовому народився Господь-Спаситель; ви легко Його впізнаєте: Дитятко лежатиме сповитим у яслах”.

Тієї ж миті раптом з’явилося безліч Ангелів, які славили Бога. Пастухи сказали одне одному: “Ходімо мерщій до Вифлеєма, і побачимо Дитятко, про яке сповістив нам Бог”.

Вони поспішили до міста й знайшли Марію з Йосипом та Дитину, яка лежала сповитою в яслах.

Втішені побаченим, пастухи повернулися до своєї отари, прославляючи Бога й дякуючи Йому за все, що вони почули й побачили тієї знаменної ночі.

Різдвяна зірка

Мт.2:1-12

Мудреці, які жили на Сході, побачили на небі зірку, яка сповіщала про народження Ісуса. Вони прийшли до Єрусалима й почали розпитувати: "Де народився Цар Юдейський? Ми бачили Його зірку й хочемо поклонитися Йому".

У цю пору в Юдеї царював Ірод. Почувши про народження царя, Ірод дуже налякався; він скликав знавців Закону й первосвящеників, та й запитав у них: "Де має народитися Христос?"

Вони відповіли: "У Вифлеємі". Адже згідно з пророцтвами, Месія мав належати до коліна Юди й народитися саме у Вифлеємі.

Тоді Ірод запросив до себе мудреців, вивідав у них про час з'явлення зірки, а після цього вирядив їх до Вифлеєма, кажучи: "Коли знайдете Дитятко, повідомте мені — я також хочу вклонитися Йому".

Мудреці вирушили в дорогу, а зірка, яку вони бачили на сході, почала рухатися попереду них, доки не зупинилася над тим місцем, де було Дитятко. Мудреці вельми зраділи. Увійшовши в дім і побачивши Марію з Дитятком, вони впали на коліна й вклонилися Йому до землі. Після цього мудреці піднесли Ісусові свої дари: золото, ладан та миро.

Натомість уночі вві сні мудреці одержали веління від Бога — не повертатися до Ірода. І вони вирушили додому іншим шляхом.

Втеча до Єгипту. Дитинство Ісуса

Мт. 2:13-23; Лк. 2:40

Коли мудреці пішли, Йосипові вві сні з'явився Ангел Господній. Він наказав йому забрати Марію й Дитятко й тікати з ними до Єгипту, бо цар Ірод хоче знайти та вбити Ісуса. Йосип та його родина мали перебувати в Єгипті, аж поки Ангел не дозволить їм повернутись.

Тієї ж ночі усе сімейство мерщій вирушило до Єгипту, рятуючись від вірної смерті.

А тим часом Ірод, побачивши, що мудреці його обдурили, дуже розлютився й послав своїх воїнів повбивати у Вифлеємі всіх хлопчиків віком від двох років і менше, згідно з тим, що йому сказали мудреці про час з'явлення зорі. Ірод сподівався, що серед убитих дітей виявиться також і маленький Ісус.

Через якийсь час Ірод помер. Тоді Ангел Господній знову з'явився Йосипові вві сні та й сказав: "Уставай, візьми Дитятко та матір Його, та йди в землю Ізраїлеву, бо повмирали ті, хто хотів убити Дитятко". Йосип так і зробив: узяв Марію та Ісуса і прийшов в Ізраїлеву землю. Але, почувши, що в Юдеї царює Архелай, син Ірода, Йосип побоявся туди йти. Тоді, одержавши вві сні Боже веління, Йосип разом з родиною оселився в Назареті. Так здійснилось давнє пророцтво, що Месію називатимуть Назарянином.

Ісус дорослішав, зміцнюючись духом і сповнюючись мудрістю. І благодать Божа перебувала на Ньому.

Ісус у храмі

Лк. 2:41-52

Йосип та Марія щороку ходили з Назарету до Єрусалима на свято Пасхи. Дорога була не близькою, три дні ходи.

Коли Ісусові виповнилося дванадцять років, батьки взяли Його із собою на свято до Єрусалима. Після свята, разом з родичами та знайомими, вони вирушили додому до Назарета. Ісус же залишився в Єрусалимі, проте батьки нічого про це не знали, гадаючи, що Він іде разом з іншими прочанами. Коли минув один день, Йосип та Марія почали шукати Ісуса. Не знайшовши Його серед прочан, вони повернулись до Єрусалима.

Лише на третій день вони нарешті знайшли Його в храмі. Ісус сидів серед учителів Закону, розпитував їх, уважно їх слухав та відповідав. Усі вони дуже дивувалися з Його розуму та відповідей.

Побачивши Ісуса в храмі в оточенні поважних учителів, Йосип та Марія також дуже здивувалися. “Дитино! Чому Ти так вчинив? — вигукнула Марія. — Ми з Твоїм батьком дуже злякалися за Тебе й скрізь Тебе шукали!”

А Ісус відповів їм: “Чому ж ви Мене шукали? Хіба ви не знали, що Я маю перебувати в домі Отця Мого?” Проте вони не збагнули змісту сказаного Ним.

Незабаром сім’я залишила Єрусалим, і надалі Ісус у всьому слухався батьків. Марія ж усе життя зберігала в серці оці Його слова.

Тим часом Ісус дорослішав, набуваючи дедалі більшої мудрості та благодаті в Бога та в людей.

Проповідь Івана Хрестителя

Мт.3:1-12; Мк. 1:1-8; Лк.3:1-18; Ів. 1:19-28

Перш ніж Ісус почав Свою проповідь, Бог покликав Івана, сина Захарії та Єлизавети, аби він приготував людей до зустрічі з Господом.

Іван проповідував усім покаяння, кажучи: “Покайтесь, бо наблизилося Царство Небесне!” Він жив у пустелі, носив одяг з верблюжої шерсті, був підперезаний шкіряним ременем, а харчувався сараною та диким медом.

І ось почали до нього сходитися люди з Єрусалима й з усієї Юдеї, і каялися у своїх гріхах. А Іван хрестив їх у водах Йордану.

Прийшли до Івана якось і фарисеї та саддукеї, які вважали себе праведними й не бачили потреби в покаянні. Тоді Іван звернувся до них зі словами: “Роде зміїний, чи ж ви думаєте, що втечете від гніву Божого? Покайтеся від щирого серця! Якщо ви не робитимете добрих діл, то марне ваше благочестя, і Бог відкине вас”.

“Що саме нам слід робити?” — питали в Івана люди.

— Якщо у вас є зайва одежина, поділіться з тими, у кого немає одягу, якщо є, що їсти, нагодуйте тих, хто голодує.

Тоді запитали у нього митники, збирачі податків: “Учителю, що нам потрібно робити?” Іван їм відповів: “Не стягайте більше податків, аніж належить”. Тоді підійшли воїни і також запитали: “А нам що робити?” На це Іван відповів: “Нікого не кривдьте

й задовольняйтесь своєю платнею".

У народі почали гомоніти: "Чи він не Христос? А може, пророк? Або Ілля повернувся на землю?" Єрусалимська влада навіть надіслала священиків запитати самого Івана. Але він відповів їм: "Я не Христос ані Ілля, ані пророк". Тоді вони сказали: "Якщо так, тоді чому ти хрестиш?" На це Іван відповів: "Я хрещу вас водою, але за мною йде Той, Хто більший за мене. Він хреститиме вас Духом Святим і вогнем".

Хрещення Ісуса

Мт. 3:13-17; Мк. 1:9-11; Лк. 3:21-22; Ів. 1:29-34

Тоді приходить із Галилеї до Івана Сам Ісус, аби хреститися від нього. Іван почав заперечувати: "Це мені слід хреститися від Тебе! А Ти прийшов до мене!"

Проте Ісус відповів йому: "Не заперечуй, саме так нам слід вчинити, аби виконати Божу волю". Тоді Іван охрестив Ісуса.

Щойно Ісус вийшов з води, як раптом над Ним розкрилося небо й Іван побачив, як Дух Божий у вигляді голуба сходить на Ісуса. А з неба пролунав голос: "Це Син Мій улюблений, що Його Я вподóбав!"

Випробування в пустелі

Мт. 4:1-11; Мк. 1:12-13; Лк. 4:1-13

Після хрещення Ісус за велінням Бога пішов у пустелю, де диявол намагався спокусити Його.

Протягом сорока днів Ісус нічого не їв. Врешті Він зголоднів.

Аж тут підступив до Нього диявол і сказав: "Якщо Ти справді Син Божий, скажи цьому каменеві, аби він став хлібом!"

Ісус відповів йому: "Написано: Не хлібом самим буде жити людина, але кожним Словом Божим!"

Тоді диявол переніс Ісуса до Єрусалима, поставив на краю храмового даху й знову запропонував Йому: "Якщо Ти Син Божий, стрибни униз, бо ж написано, що Ангели підхоплять Тебе, і Ти не розіб'єшся".

На це Ісус відповів: "Ще в Писанні сказано: не випробовуй Господа Бога свого".

Тоді диявол виніс Ісуса на вершину дуже високої гори й втретє запропонував Йому: "Подивись, перед Тобою всі царства світу з усією їхньою могутністю й багатством. Я віддам їх Тобі — лише поклонися мені".

А Ісус відповів: "Відійди від мене, сатано! Бо ж написано: Господеві Богові своєму вклоняйся й служи Одному Йому!"

Так і не домігшись нічого, диявол відступив від Ісуса до певного часу.

Перші учні Ісуса

Ів. 1:35-50

Одного разу Іван Хреститель та двоє його учнів побачили Ісуса, який проходив неподалік. Іван і каже учням: “Це Агнець Божий!” Як тільки вони це почули, то відразу пішли за Ісусом.

Ісус же, побачивши, що вони йдуть за Ним, каже: “Чого ви шукаєте?” Вони ж відповіли: “Учителю, де Ти живеш?” “Ходіть і побачите!” — відповів їм Христос. Цілий день вони пробули з Ісусом, після чого один з них, на ім’я Андрій, знайшов свого брата Симона й сказав йому: “Ми знайшли Христа”.

Андрій привів брата до Ісуса, а Ісус поглянув на нього й сказав: “Ти — Симон, син Йони. Тебе зватимуть Петро, що означає “скеля”.

Ісус також покликав із собою Пилипа, а Пилип вирішив привести до Ісуса ще одного побожного чоловіка — Нафанаїла. Він сказав Нафанаїлові: “Ми знайшли Того, про Кого писав Мойсей і пророки, — Ісуса, сина Йосипа, з Назарета”. Нафанаїл не повірив: “Хіба з такого міста, як Назарет, може бути щось добре?” Тоді Пилип сказав: “Піди й подивись сам”.

Ісус, побачивши Нафанаїла, який ішов до Нього, сказав: "Ось справжній ізраїльтянин, в якому немає підступу!" Нафанаїл здивувався: "Звідки Ти мене знаєш?"

"Ще перед тим, як Пилип покликав тебе, Я бачив тебе, як ти був під смоківницею", — сказав йому Ісус.

"Учителю! — вигукнув вражений Нафанаїл. — Ти — Син Божий, Цар Ізраїля!"

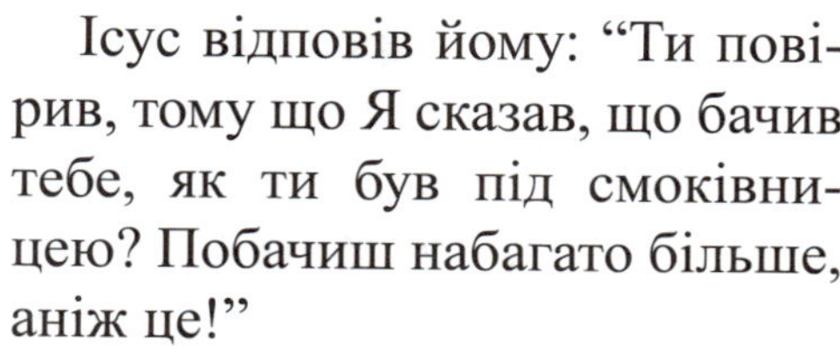

Ісус відповів йому: "Ти повірив, тому що Я сказав, що бачив тебе, як ти був під смоківницею? Побачиш набагато більше, аніж це!"

Дивовижний улов риби

Мт. 4:18-22; Мк. 1:16-20; Лк. 5:1-11

Ісус проповідував на березі Галилейського моря; довкола зібрався великий натовп і тиснувся до Нього. Побачивши два човни, що стояли при березі, Ісус увійшов до одного з них, а це був човен Петра. Ісус попросив його, аби він трохи відплив від берега й продовжив навчати народ із човна. Закінчивши навчати й відпустивши народ, Ісус сказав Петрові: "Попливи на глибінь і закинь невода". А той відповів: "Наставнику, — цілу ніч ми намагалися щось упіймати, та все було марно. Але, якщо Ти кажеш, зроблю це". І ось, закинувши невода, вони впіймали стільки риби, що навіть сітка не витримувала й проривалась. Тоді Петро покликав товаришів на іншому човні, щоб вони допомогли. Ті підпливли, і наповнили обидва човни рибою, що вловили, так що човни ледь не потонули.

Вражений Петро впав перед Ісусом навколішки й вигукнув: “Господи! Залиш мене, бо я грішна людина!” А всіх, хто бачив цей дивовижний улов, охопив жах.

Тоді Ісус сказав Петрові: “Не бійся! Відтепер ти ловитимеш людей”.

З того часу рибалки полишили своє ремесло й пішли за Ісусом.

Весілля в Кані Галилейській

Ів. 2:1-11

Неподалік від Назарету, у Кані Галилейській, справляли весілля. Там була Ісусова мати. Ісус разом з учнями також були серед запрошених гостей.

У розпалі учти несподівано виявилося, що скінчилося вино для гостей. Марія сказала Ісусові: “У них немає вина!” А Ісус відповів їй: “Чи ж ми можемо цьому зарадити? Ще ж бо не настав Мій час”.

Тоді Марія сказала слугам, аби ті виконали всі повеління Ісуса.

Поруч стояло шість великих посудин, де зберігалася вода для обмивання. Ісус наказав слугам наповнити посудини до верху, зачерпнути з них води й віднести весільному старості. І звершилося чудо: вода перетворилася на чудове вино! Коли весільний староста скуштував це вино, воно йому дуже сподобалось. Нічого не знаючи про те, що сталося (це залишилося відомим лише слугам), староста похвалив молодого: “Зазвичай, гостям спочатку подають добре вино, а коли воно закінчиться, тоді гірше. А ти зберіг добре вино аж досі!”

Так Ісус звершив своє перше чудо, і учні повірили в Нього.

Вигнання торговців з храму

Ів. 2:13-23

Наближалася Пасха. Ісус разом з учнями прийшли на свято до Єрусалима. Увійшовши до храму, Ісус побачив ряди торгівців, які продавали волів, овець та голубів, поруч з ними сиділи міняльники, які розмінювали гроші. Тоді Ісус зробив з мотузок бича й почав виганяти з храму овець і волів, а міняльникам поперевертав столи із грошима.

А продавцям голубів Він сказав: "Заберіть оце звідси — не перетворюйте дім Отця Мого на дім торгівлі".

Присутні при цьому юдеї казали Ісусові: "Чим Ти можеш

довести нам Своє право так чинити?"

"Зруйнуйте цей храм, — відповів їм Ісус, — і Я за три дні знову споруджу його".

"Та цей храм споруджувався сорок шість років! Як Ти можеш протягом трьох днів його відбудувати?!" — дивувалися вони.

Ісус же говорив про храм Свого тіла. Коли ж Він воскрес із мертвих на третій день після розп'яття, учні пригадали ці Його слова.

Перебуваючи на Пасху в Єрусалимі, Ісус звершив чимало чудес, і багато людей повірило в Нього.

Ісус і самарянка

Ів. 4:3-41

Коли Ісус та Його учні йшли з Юдеї в Галилею, їхня дорога пролягала через Самарію.

І ось прийшли вони до міста Сихар, неподалік від поля, яке патріарх Яків дав своєму синові Йосипу. Там була криниця, що називалася Яковововою. Десь опополудні зморений Ісус присів перепочити біля тієї криниці, а Його учні пішли до міста купити харчів. Аж тут підійшла місцева мешканка, самарянка, набрати води. Ісус попросив у неї напитися. Жінка здивувалася: “Як це Ти, юдей, просиш напитися в мене, самарянки?” Адже юдеї із самарянами не спілкувалися. А Ісус відповів їй: “Якби ти знала, Хто просить у тебе води, то сама просила б у Нього. І Він дав би тобі живу воду”.

Жінка не зрозуміла Його й продовжувала дивуватися: “Пане! Тобі й воду черпати нічим, а криниця ж глибока. Де Ти візьмеш криничну воду? Чи Ти не вважаєш себе більшим за Якова, котрий викопав цю криницю?”

Ісус відповів їй: “Хто п’є цю воду, знову відчуває спрагу, а хто питиме воду, яку Я йому дам, вже не відчуватиме спраги ніколи. Бо Моя вода — стане в нім джерелом води, що тече у вічне життя”.

Тоді жінка стала благати Його: “Пане, дай мені такої води, аби я більш ніколи не відчувала спраги й не ходила до цієї криниці!”

На це Ісус їй відповів: “Піди, приведи сюди свого чоловіка”.

Жінка відповіла, що в неї немає чоловіка. “Справді, — підтвердив Ісус, — ти мала п’ять чоловіків, і той, з ким ти зараз живеш, не чоловік тобі”.

“Пане мій! Ти — пророк! Тоді поясни мені: чому наші предки 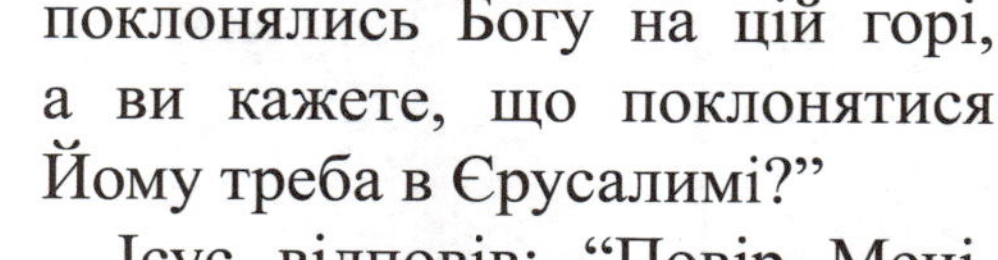 поклонялись Богу на цій горі, а ви кажете, що поклонятися Йому треба в Єрусалимі?”

Ісус відповів: “Повір Мені, жінко, — надходить час, коли ні на цій горі, ані в Єрусалимі не будете поклонятись Отцю. Справжні богомільці вклонятимуться Отцеві в дусі та в правді”.

“Я знаю, що має прийти Месія, Який називається Христос, — сказала жінка, — коли Він прийде, то все нам пояснить”.

“Я і є Месія”, — відповів їй Ісус.

Жінка негайно залишила свій глек і побігла до міста, розповідаючи всім зустрічним: “Ідіть до криниці: там Чоловік, Який розповів мені усе, що я вчинила. Чи Він не Христос?”

Багато самарян повірило в Ісуса через слова тієї жінки. Вони просили Ісуса, аби Він побув у них довше, і Він пробув там два дні. Слухаючи Ісуса, ще більше самарян увірувало в Нього.

Зцілення паралізованого

Мт. 9:2-8; Мк. 2:1-12; Лк. 5:18-26

Одного разу, коли Ісус навчав людей у Капернаумі, до Нього зібралося дуже багато народу. Дім, де був Ісус заповнився вщерть. У цей час четверо друзів принесли паралізованого, щоб Ісус зцілив його. Але народу виявилося так багато, що вони не могли внести ноші в дім.

Тоді вони піднялись на дах, розібрали його й через отвір спустили ноші із хворим до ніг Ісуса. Ісус, побачивши їхню велику віру, сказав паралізованому: "Прощаються тобі твої гріхи!"

Учителі Закону, які там сиділи, подумали: "Що Він каже?! Адже це блюзнірство! Хто може прощати гріхи, крім Бога?"

А Ісус, знаючи їхні думки, сказав: "Знайте, що Син Людський має владу прощати гріхи на землі!" І звернувся до паралізованого: "Підведися, візьми свою постіль і йди!"

Той відразу ж встав, узяв свою постіль, та й пішов. Усі, присутні при цьому, дивувалися й славили Бога.

Покликання митника

Мт. 9:9-13; Мк. 2:14-17; Лк. 5:27-32

Після того, як Ісус уздоровив паралізованого, Він пішов до моря. Ідучи, Він побачив митника на ім'я Матвій, що сидів на митниці, та й каже йому: "Іди за Мною!" Той не вагаючись полишив усе й пішов за Ісусом.

Згодом Матвій влаштував велику гостину для Ісуса. Людей зібралося дуже багато. Серед них було чимало й митників. Учителі Закону й фарисеї почали докоряти учням Ісуса, кажучи: "Чому ви їсте та п'єте разом з митниками й грішниками?" Ісус же почув їхні слова, та й каже: "Лікаря не потребують здорові, а хворі! Зрозумійте нарешті слова з Писання: «Милості хочу, а не жертви». Адже Я прийшов кликати не праведних, але грішників до покаяння".

Зцілення біля купальні

Ів. 5:1-9

В Єрусалимі, поблизу міської брами, що називалася Овечою, була купальня. Час від часу Ангел Господній спускався до купальні й збурював воду. Хто перший після цього влазив у воду, зцілявся від своєї хвороби, яка б вона не була. Тому довкола купальні було дуже багато хворих, які чекали збурення води.

Одного разу, прибувши на свято до Єрусалима, Ісус зайшов до купальні й побачив чоловіка, який нездужав тридцять вісім років. Знаючи про це, Ісус підійшов до нього й сказав: “Чи хочеш бути здоровим?” Той відповів: “Пане, я не маю людини, яка б занесла мене до купальні, коли збурюється вода. А коли я приходжу, то переді мною вже хтось улазить першим”. Тоді Ісус каже йому: “Устань, візьми постіль свою й ходи!” У ту ж мить хворий одужав, узяв своє ложе й пішов без сторонньої допомоги.

Суперечка про суботу

Ів. 5:10-24; Мт. 12:1-8; Мк. 2:23-28; Лк. 6:1-5

Сталося так, що коли Ісус зцілив хворого в купальні, була саме субота. Юдеї, котрі побачили, як уздоровлений несе свою постіль, обурилися: "Як ти можеш нести постіль у суботу, порушуючи Закон?!" Він відповів їм: "Мені так звелів Той, Хто зцілив мене". Тоді юдеї почали розпитувати, хто ж його зцілив, але уздоровлений цього не знав, а Сам Ісус на той час зник у натовпі.

Через деякий час Ісус зустрів уздоровленого Ним чоловіка в храмі й сказав йому: "Ось ти видужав. Не гріши ж більше, щоб не спіткало тебе ще більше лихо". А чоловік той пішов і розповів юдеям, що його зцілив Ісус.

Через це юдеї почали звинувачувати Ісуса в порушенні суботи. Ісус відповів їм: "Отець Мій працює аж досі, — працюю і Я".

Вони ж іще більше накинулися на Нього: не тільки за те, що Він порушив суботу, але й за те, що Бога називав Своїм Отцем, прирівнюючи Себе до Бога.

Тоді Ісус і каже їм: “Хто не шанує Сина, не шанує й Отця, Який послав Його. Поправді кажу вам, що хто слухає Моє слово й вірить у Того, Хто послав Мене, — має вічне життя й на суд не приходить, але перейшов він від смерті до життя”.

Іншим разом Ісусові довелось разом з учнями йти в суботу ланом, на якому дозрівала пшениця. Зголоднілі учні розтирали колоски в долонях та їли зерна. Фарисеї помітили це й знову почали докоряти Ісусові, що цього не слід робити в суботу.

А Ісус відповів їм: “Суботу встановлено для людини, а не людину для суботи. Якби ви зрозуміли, що значить: “Милості хочу, а не жертви”, — тоді не осуджували б невинних”.

Ісус посилає апостолів на проповідь

Мт. 10:1-42; Мк. 3:13-19; 6:7-11; Лк. 6:12-16; 9:1-5

Якось Ісус зійшов на гору, де цілу ніч молився, а на світанку покликав до Себе дванадцятьох учнів. Це були Петро, його брат Андрій, Яків та Іван — сини Зеведеєві, Пилип, Вартоломій, Хома, митник Матвій, Яків, син Алфеїв, Тадей, Симон Кананіт і Юда Іскаріотський — той, що згодом зрадив Ісуса.

Ісус звернувся до учнів з дорученням: "Ідіть і проповідуйте Ізраїлю, що наблизилося Царство Небесне. Зціляйте хворих, воскрешайте мертвих, виганяйте бісів. Ви дарма дістали, дарма й давайте.

Не беріть ані золота, ані срібла, ані мідяків до своїх гаманців, ані торби у дорогу, ані змінного одягу, ані взуття, ані палиці, бо той, хто працює, заслуговує на свою винагороду.

Хто прийме вас, прийме й Мене, а хто прийме Мене, той прийме Того, Хто послав Мене.

Будьте мудрі, як змії, і прості, як голуби. Знайте: вас будуть переслідувати, зраджувати. Вас ненавидітимуть через Моє Ім'я. Хто ж витерпить до кінця, той спасеться!"

Проповідь на горі. Заповіді блаженства

Мт. 5:1-12; Лк. 6:20-23

Одного разу Ісус зійшов на гору. За Ним пішли учні та юрми людей, які бажали Його послухати. На горі Ісус звернувся до зібраних з такими словами:

“Блаженні скромні, які не пишаються своїм знанням і чеснотами й не шукають багатства, бо вони ввійдуть до Царства Божого;

блаженні скорботні, бо їх Бог утішить;

блаженні спраглі Божої правди, тому що Бог вгамує їхню спрагу;

блаженні добрі й милостиві, бо і їх Бог помилує;

блаженні чисті в думках і почуттях, бо вони побачать Бога;

блаженні миротворці; таких Бог назве Своїми дітьми;

блаженні переслідувані за правду, бо вони ввійдуть до Царства Божого.

Коли вас переслідуватимуть та лихословитимуть через Мене, радійте й веселіться, бо на вас чекає велика нагорода на небі! Адже так само переслідували й пророків, які були до вас”.

Проповідь на горі. Про праведне життя

Мт. 5:20-48

Далі Ісус сказав Своїм слухачам: “Ви маєте жити праведно, виконуючи всі заповіді, про які Я сказав вам.

Однак праведність ваша не повинна бути така, як її розуміють фарисеї та вчителі Закону.

Якщо в Писанні сказано, що вбивати не можна й що вбивця підлягає суду, то Я кажу вам, що навіть роздратування й лихослів’я підпадають під суд.

Сказано в Писанні, що не можна жити розпусно, а Я кажу вам: хто у душі своїй плекає брудні думки, той також живе розпусно.

Ще в Писанні сказано: "Око за око, зуб за зуб". А Я вам кажу: не відповідайте злом на зло; будьте сумирні й добрі. Хто хоче взяти в тебе сорочку, віддай йому й верхній одяг. Тому, хто просить у тебе, дай. А коли хтось хоче у тебе щось позичити, не відмовляй.

Писання каже: "Люби ближнього твого й ненавидь ворога твого", а Я кажу вам: любіть ворогів ваших, моліться за своїх кривдників. Тоді ви будете дітьми Отця вашого Небесного, Який наказує сонцю сходити над добрими й над злими. Отож будьте досконалі, як досконалий Отець ваш Небесний!"

Проповідь на горі. Про милостиню, піст і молитву

Мт. 6:1-18; Лк. 11:2-4

“Багато хто, роблячи добрі вчинки, прагнуть похвалитися, уславитися, — сказав Ісус. — А ви, коли робите милосердні вчинки, не привертайте до себе уваги. Бог усе бачить.

І коли поститеся, не ходіть похмурі, не привертайте до себе уваги. Нехай про це знає лише Отець Небесний, заради Якого ви це робите.

Молитва також не повинна бути показною. Моліться Господу наодинці у своїй кімнаті. І не потрібно промовляти багато зайвих слів, як язичники. Вони думають, що чим вони багатослівніші, тим їх краще чути. Отець Небесний Сам знає, що вам треба, — ще до того, як ви звернетесь до Нього. А молитва має бути така:

“Отче наш, що єси на небесах!

Нехай святиться Ім’я Твоє, нехай прийде Царство Твоє, нехай буде воля Твоя, як на небі, так і на землі.

Хліба нашого насущного дай нам сьогодні.

І прости нам гріхи наші, як і ми прощаємо винуватцям нашим.

І не введи нас у спокусу, але визволи нас від лукавого”.

Проповідь на горі. Про блага земні й небесні

Мт. 6:19-33; Лк. 12:21-34

Люди уважно слухали Ісуса. А Він продовжував Свою проповідь: “Не збирайте собі скарбів на землі, де їх нищить міль та іржа й де злодії їх викрадають. Збирайте ж собі скарби на небі, де ні міль, ні іржа їх не нищать й де злодії їх не викрадають. Де буде ваш скарб, — там буде й серце ваше!

Ніхто не може служити двом панам і догодити обом. Не можете служити земному багатству й Богові!

Тому кажу вам: “Не журіться, кажучи: “Що будемо їсти та пити?” Або: “У що зодягнемося?” Отець ваш Небесний знає, що вам це все потрібно й піклується про вас. Шукайте перш за все Царства Божого й праведності, а це все вам додасться”.

Проповідь на горі. Про ставлення до людей, про неправдивих пророків, про потребу виконувати заповіді Ісуса

Мт. 7:1-28; Лк. 6:27-49

“Не судіть, щоб і вас не було засуджено, бо як ви ставитеся до гріхів інших, так поставляться й до ваших гріхів. Чому ви бачите найменший недолік свого брата, а своїх великих недоліків не помічаєте. Лицеміри, спочатку усуньте свої недоліки, а згодом побачите, як допомогти іншим стати кращими.

Просіть — і одержите, шукайте — і знайдете, стукайте — і вам відчинять. Чи ж є серед вас хоч одна людина, що дасть своєму синові каменя, коли він проситиме хліба? Тим більше Отець Небесний дасть тому, хто проситиме у Нього все, що йому послужить для добра!

Ставтеся до інших так, як хочете, щоб ставилися до вас, — у цьому вся сутність Закону та вчення пророків.

Багато хто ідуть широкою дорогою, яка веде до погибелі. Лише деякі знаходять ту вузьку стежку, що веде до вічного життя.

Стережіться неправдивих пророків! По їхніх плодах ви їх розпізнаєте. Добре дерево дає добрі плоди, а погане дерево — погані.

Не кожен, хто каже до Мене: "Господи, Господи!" увійде в Царство Небесне, а лише той, хто виконує волю Отця Мого Небесного.

Багато хто казатимуть Мені: "Господи, Господи, хіба ж не Твоїм Ім'ям ми пророкували, виганяли бісів і чуда творили?" Я ж відповім їм: "Я ніколи вас не знав... Відійдіть від Мене усі, хто чинить беззаконня!"

Отож, хто слухає ці Мої слова й виконує їх, подібний він до чоловіка розумного, який збудував свій дім на скелі. Його дім стоятиме міцно й не зруйнується. А той, хто слухає й не виконує Моїх слів, подібний до чоловіка легковажного, який збудував свій дім на піску. Коли ж лине злива й налетить буря на той дім, він не встоїть і зруйнується".

На цьому Ісус закінчив свою проповідь.

Прощена грішниця

Лк. 7:36-50

Один фарисей на ім'я Симон запросив Ісуса на обід. Про це довідалася жінка, що мешкала в тому ж місті, вона була гріш-

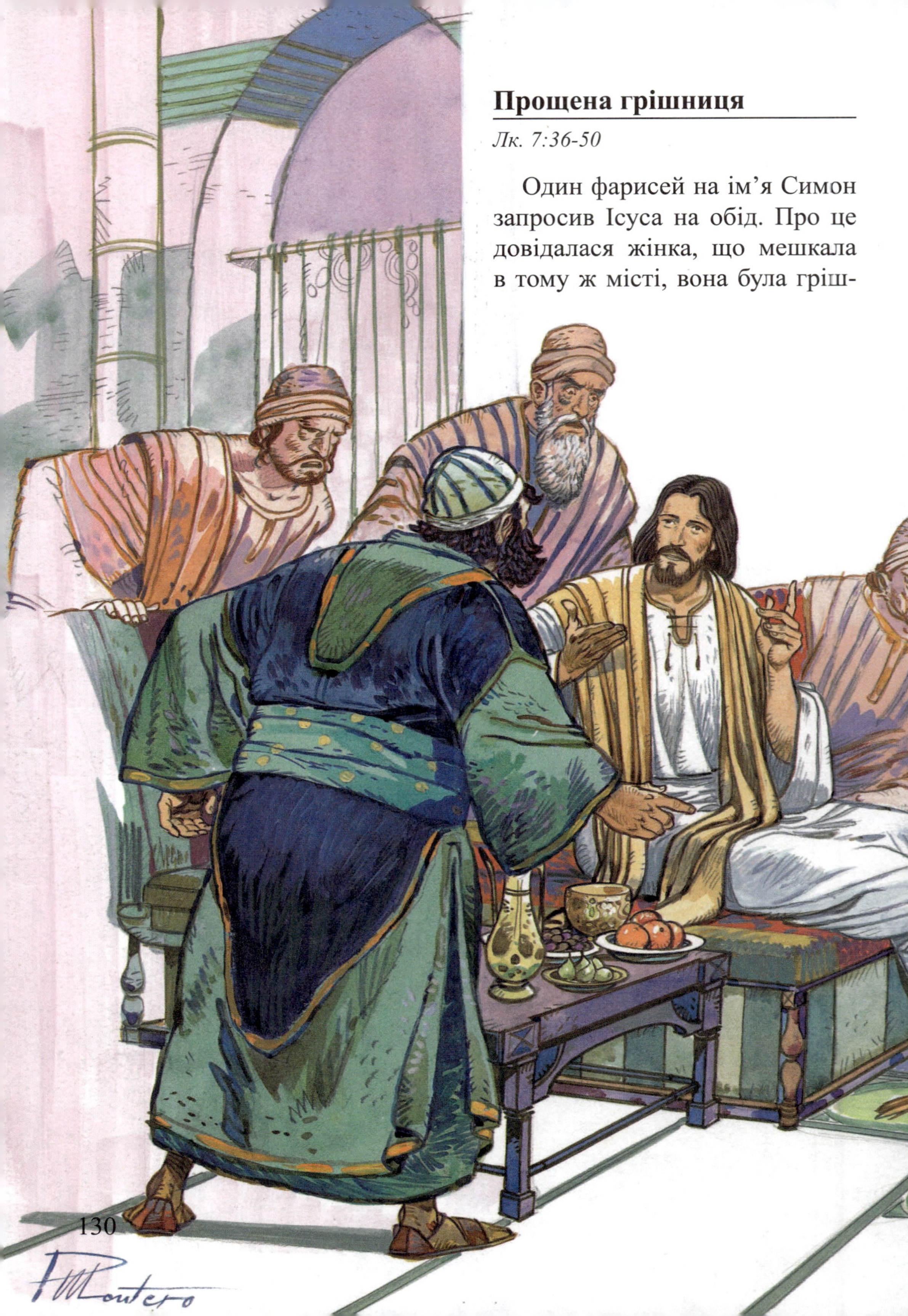

ницею. Жінка взяла алебастрову пляшечку з дорогими пахощами — миром — і прийшла до дому фарисея. Припавши до ніг Ісуса, вона, плачучи, почала цілувати їх і змащувати миром.

Господар дому подумав: “Якби Ісус був пророком, то, напевно, знав би, яка жінка Його торкається”.

Цієї ж миті Ісус звернувся до нього: “Симоне, Я маю щось тобі сказати”.

“Я слухаю, Учителю”, — відповів той.

“У одного вірителя були два боржники: один був винний п’ятсот динарів, а другий — п’ятдесят. Але обидва не мали чим сплатити, і він простив їм обом їхні борги. Тепер скажи, який з двох боржників більше любитиме його?”

“Напевно, той, якому він простив більший борг”, — відповів Симон.

“Правильно, — підтвердив Ісус і вказав йому на жінку. — Коли Я прийшов до тебе, ти Мені ноги водою не обмив, а вона обмила їх слізьми й витерла волоссям.

Ти не поцілував Мене при зустрічі, а вона весь час цілує Мені ноги.

Ти Мені голову оливою не намастив, а вона миром намастила Мені ноги.

Чисельні гріхи її прощаються, тому що вона виявила велику любов”.

Тоді Ісус сказав жінці: “Прощаються тобі твої гріхи”.

Усі ж, що сиділи при столі подумки міркували: “Хто ж Він Такий, що навіть гріхи прощає?!”

А Ісус сказав жінці: “Твоя віра спасла тебе. Іди з миром”.

Притча про сіяча

Мт. 13:1-23; Мк. 4:1-20; Лк. 8:4-15

Якось Ісус вийшов з дому, та й сів біля моря. Аж тут до Нього почав сходитися люд, аби послухати Його. Люди настільки Його обступили, що Він увійшов до човна, так що натовп стояв понад берегом, а Він навчав, сидячи в човні. І розповів Він їм притчу:

“Вийшов сіяч сіяти насіння. Частина насіння впала край дороги, і його склювали птахи. Інше насіння впало на кам’янистий ґрунт; воно швидко проросло, але коріння виявилося неглибоким, і лише пригріло сонце, паростки засохли. Деяке насіння впало у терен, терен вигнався і його заглушив. А ще інше впало на добрий ґрунт, і воно дало рясний врожай.

Хто вміє слухати — нехай слухає!” — завершив Ісус.

Увечері, як Він повернувся додому, учні запитали Його:

"Що означає ця притча?" Ісус почав їм роз'яснювати: "До кожного, хто слухає слово про Царство, але не розуміє, приходить диявол і краде посіяне в його серці, — це те, що посіяне край дороги.

А посіяне на кам'янистому ґрунті, — це про людину, котра радо й щиро сприйняла слово про Царство, але не тверда у вірі. Коли її почнуть переслідувати за це слово, вона швидко його зречеться.

Насіння, що впало в терен, — це про людину, яка почула слово, але життєві турботи та клопоти заглушують його, і воно залишається без плоду.

А посіяне на доброму ґрунті, — це про людину, яка чує слово, зберігає його у щирому й доброму серці й завдяки терпеливості приносить плід".

Притча про пшеницю та кукіль

Мт. 13:24-30, 36-43

Потім Ісус розповів притчу про пшеницю та кукіль:

"Царство Небесне подібне до людини, яка, взявши добре насіння, засіяла ним поле. А вночі, коли усі спали, прийшов її ворог та й між добре насіння насіяв кукіль. За деякий час пшениця ввійшла в колос, але показався й кукіль; здивовані слуги почали питати господаря: "Пане, адже ти сіяв пшеницю, — звідки ж узявся кукіль?" Господар відповів: "Це мій ворог накоїв". Тоді слуги запропонували виполоти кукіль, але господар заборонив це робити: разом з куколем ви можете висмикнути й пшеничне стебло: "Нехай усе це росте, доки не почнуться жнива. Тоді я накажу женцям: зберіть кукіль у снопки й спаліть його, а пшеницю зберіть до клуні".

Народ із цікавістю слухав ці прості оповіді Ісуса, але не міг збагнути усього змісту сказаного. Тому Ісус наодинці роз'яснював Своїм учням, що ж означають ці притчі. Так і цього разу, коли Ісус відпустив народ і прийшов додому, до Нього підійшли Його учні, просячи: "Поясни нам притчу про кукіль польовий".

Тоді Ісус промовив до них: “Той, хто посіяв насіння, — це Син Людський, а поле — це світ, добре насіння — це сини Царства, а кукіль — сини лукавого. Ворог же, що всіяв кукіль — це диявол, жнива — кінець світу, а женці — Ангели.

Так, як збирають кукіль і палять у вогні, так станеться й наприкінці віку цього. Пошле Син Людський Своїх Ангелів, і вони позбирають із Царства Його всі спокуси й тих, хто чинить беззаконня, і їх повкидають до вогненної печі, — буде там плач і скрегіт зубів! А ті, що жили по правді, засяють, немов сонце, у Царстві Божому”.

Притчі про гірчичне зерно і про закваску

Мт. 13:31-35; Мк. 4:30-34; Лк. 13:18-21

Ще такі притчі розповів Ісус: “Царство Небесне подібне до гірчичного зерна. Воно найдрібніше з усього насіння, але коли виросте, стає вищим за усяке зілля, і стає деревом, так що птаство клубиться в його вітті.

Також Царство Небесне подібне до закваски, яку додають до борошна, — і все тісто вкисає”.

Приборкання бурі

Мт. 8:18, 23-27; Мк. 4:35-41; Лк. 8:22-25

Коли ж Ісус скінчив розповідати притчі, надвечір звернувся Він до учнів: “Переправмося на той бік моря”. І вони відчалили.

Утомившись за цілий день, Ісус заснув на кормі. Через деякий час на морі знялася страшна буря. Хвилі заливали човен, так що він почав потопати. Ісус же далі спав. Перелякані учні збудили Його й почали благати: “Учителю, чи Тобі байдуже, що ми гинемо?”

Тоді Ісус встав і наказав вітрові й морю: “Мовчи, перестань!” І відразу вітер стих, і настала велика тиша.

А Ісус поглянув на учнів і сказав: “Чому ви такі полохливі? Чому віри не маєте?”

Учні були надзвичайно збентежені й казали один до одного: “Хто ж Він Такий, що вітри й море коряться Йому?”

Уздоровлення біснуватого

Мк. 5:1-20; Лк. 8:26-39

Перепливши море, Ісус та Його учні опинилися в Герасинській землі. На кам'янистому березі було чимало печер, де ховали покійників. У одній такій печері жив чоловік, яким заволоділи біси. Він ходив без одягу, удень та вночі кричав і бився об каміння. Вгамувати його не було змоги: він був такий сильний, що розривав будь-які ланцюги, в які його заковували.

Ще здалеку, побачивши Ісуса, біснуватий побіг Йому назустріч і низько вклонився. Ісус наказав: "Вийди, нечистий духу, з цього чоловіка!"

Тоді чоловік сильно закричав: "Що Ти хочеш від мене, Ісусе, Сину Бога Всевишнього?! Благаю Тебе, не муч мене!"

"Як тебе звуть?" — запитав Ісус.

"Нас багато, — пролунала відповідь бісів, — і тому нас звуть Легіон".

Неподалік на горі паслося стадо свиней, і біси почали бла-

гати: “Не посилай нас у безодню. Дозволь нам увійти в цих свиней!”

Ісус сказав: “Ідіть”. І біси вийшли з того чоловіка, та й увійшли у свиней. Умить усе стадо наче подуріло, кинулося з кручі в море, та й потонуло.

А пастухи, побачивши це, перелякалися, побігли до міста й розповіли там про все, що сталося зі стадом. Тоді прибігли на берег моря мешканці того міста й побачили, що всі їхні свині загинули, а той, що був біснуватим, сидить біля ніг Ісусових одягнений і при своєму розумі.

Вони дуже налякалися й почали благати Ісуса, аби Він відійшов з їхнього краю. А чоловік, з якого Ісус вигнав бісів, хотів супроводжувати Його. Проте Ісус звелів йому іти до свого дому й розповідати усім, як Бог змилувався над ним.

І той чоловік почав повсюди розповідати, як Ісус зцілив його, а люди не припиняли дивуватися.

Зцілення двох сліпих

Мт. 9:27-31

Якось за Ісусом пішло двоє сліпих. Вони йшли й кричали: "Помилуй нас, Ісусе, Сину Давидів!" Коли Ісус прийшов до своєї оселі, сліпі підійшли до Нього. Він запитав у них: "Чи ви вірите, що Я можу це зробити?" Вони, не вагаючись, відповіли: "Так, Господи!" Тоді Ісус торкнувся їхніх очей і вимовив: "Нехай станеться вам згідно з вашою вірою!" І вони стали видющими.

І хоч Ісус суворо заборонив їм про це будь-кому розповідати, вони все ж таки не втрималися й розголосили про Ісуса по всіх усюдах.

Нагодування п’ятьма хлібинами п’яти тисяч народу

Мт. 14:13-21; Мк. 6:32-44; Лк. 9:10-17; Ів. 6:3-14

Коли Ісус дізнався про смерть Івана Хрестителя, Він разом з учнями сів до човна й відплив до відлюдного місця. Народ же побачив, як вони відпливали, подався берегом і випередив їх. Побачивши юрби, що чекали на Нього, Ісус зглянувся на них, пристав до берега й зцілив хворих, які були серед них.

Тим часом почало вечоріти. Учні підійшли до Ісуса, та й кажуть: “Тут відлюдне місце, а година пізня. Скажи людям, аби вони розійшлися по селах і купили собі чогось поїсти”.

“Не потрібно їм відходити, — відповів Ісус, — ви дайте їм їсти”.

“Але ж у нас лише п’ять хлібин і дві рибини!” — вигукнули учні.

Тоді Ісус каже: “Принесіть їх Мені”. Звелівши всім посідати на траві, Ісус підвів очі до неба, потім поблагословив і поламав п’ять хлібин і дві рибини. І дав учням, а учні роздали народові. І всі їли й наїлися, ще й залишилася їжа.

Ісус тоді каже до учнів: “Позбирайте усе, щоб ніщо не пропало”. І вони наповнили аж дванадцять кошів шматками хліба та риби, що залишилися.

А тих, що їли, було близько п’яти тисяч людей.

Ходіння по воді

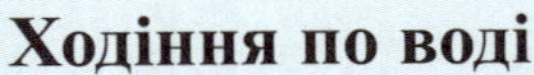

Мт. 14:22-33; Мк. 6:45-51; Ів. 6:15-21

Нагодувавши людей, Ісус звелів учням сісти до човна й відплисти до протилежного берега Тиверіадського моря, не чекаючи, доки Він відпустить людей.

Залишившись наодинці, Ісус піднявся на гору, де допізна молився. Тим часом човен з учнями був посеред моря. Знявся сильний супротивний вітер, учні веслували з усіх сил. Годині о четвертій, побачивши, як вони тяжко веслують, Ісус пішов до них по воді. Побачивши Його, учні з жаху голосно закричали:

"Мара!" Але Ісус заспокоїв їх: "Це Я, не бійтеся!"

Тоді Петро сказав Йому: "Господи, якщо це справді Ти, накажи мені піти назустріч Тобі". "Іди", — сказав Ісус. І вийшовши з човна, Петро пішов по воді, дивлячись на Вчителя. Але вітер був вельми сильний, Петро озирнувся довкола й почав тонути. У відчаї він заволав: "Господи, рятуй мене!"

Ісус негайно простягнув руку, підхопив його й сказав: "Маловірний! Чому ти засумнівався?"

Вони ввійшли до човна, і вітер одразу затих. А учні, що були в човні, вклонилися Йому й сказали: "Ти справді Син Божий!"

Уздоровлення дочки жінки-ханаанки

Мт. 15:21-28; Мк. 7:24-30

Згодом Ісус разом зі Своїми учнями вирушив в околиці Тира й Сидона. Коли вони так ішли, одна жінка-ханаанка ішла слідом за ними й благала: “Змилуйся наді мною, Господи, Сину Давидів, — демон тяжко дочку мою мучить!”

Ісус же нічого їй на це не відповідав. Тоді учні почали благати Його, аби Він відпустив її. Тоді Ісус, аби випробувати її віру, каже їй: “Я посланий лише до заблудлих овечок ізраїлевих...”

Жінка підійшла до Нього, уклонилася, та й сказала: “Господи, допоможи мені!” Натомість Ісус відповів: “Спочатку треба нагодувати дітей. Недобре відбирати хліб у дітей та кидати щенятам”. Але жінка продовжувала благати: “Так, Господи, однак і щенята доїдають крихти, що падають зі столу їхніх господарів!”

Тоді Ісус промовив: “Велика віра твоя, жінко! Нехай виконається те, про що ти просиш!” І тієї ж миті її дочка одужала.

Уздоровлення сліпого у Витсаїді

Мк. 8:22-26

Ісус прийшов до невеличкого селища Витсаїди; до Нього привели сліпого, щоб Ісус торкнувся його й вилікував від сліпоти.

Ісус узяв сліпого за руку й вивів його із селища. Потім Він Своєю слиною помазав йому очі, поклав на нього руки й запитав, чи бачить він тепер щось. Той подивився довкола й каже: "Бачу людей, що проходять, — вони схожі на дерева".

Тоді Ісус знову поклав руки йому на очі й звелів подивитися навкруги. Цього разу чоловік остаточно прозрів і почав виразно все бачити.

Після цього Ісус відіслав його додому, звелівши нікому нічого не розповідати.

Петро-Скеля

Мт. 16:13-18; Мк. 8:27-29; Лк. 9:18-20

Одного разу в дорозі, як ішли вони до Кесарії Пилипової, Ісус запитав Своїх учнів: “Скажіть, за кого Мене вважають люди?”

“Одні гадають, що Ти — Іван Хреститель, інші — буцімто Ти — Ілля. Хтось вважає, ніби Ти — Єремія чи один з давніх пророків”.

“А ви як думаєте: хто Я?”

Тоді озвався Симон-Петро: “Ти — Христос, Син Бога Живого”.

Ісус відповів Петрові: “Блаженний ти, Симоне, сину Йони! Бо не люди тебе навчили цьому, а Отець Мій Небесний. І тому Я кажу тобі, що ти скеля, і на цій скелі Я побудую Мою Церкву, і сили пекельні не здолають її”.

Преображення

Мт. 17:1-9; Мк. 9:2-9; Лк. 9:28-36

Ісус, узявши із собою Петра та братів Івана та Якова, пішов з ними на високу гору.

Коли вони вийшли на вершину, Ісус почав молитися, а учні задрімали. Прокинувшись, вони раптом побачили, що Ісус цілком преобразився: Його обличчя сяяло, як сонце, а вбрання стало біліше за сніг. Поруч з Ісусом вони побачили Мойсея та Іллю, — вони розмовляли про те, що Ісусові належить прийняти смерть в Єрусалимі.

Петро вигукнув: “Господи, як же нам тут добре! Хочеш, ми поставимо тут три шатра: для Тебе, для Мойсея й для Іллі?”

Але не встиг він закінчити, як осяйна хмара вкрила їх, а із хмари пролунав голос: “Це Мій улюблений Син! Його слухайтеся!”

Почувши голос, учні з жаху попадали долілиць. Ісус підійшов до них, торкнувся рукою кожного й сказав: “Уставайте й не бійтесь!” Підвівши очі, вони вже нікого не побачили, лише Ісуса.

Коли ж вони сходили з гори, Ісус заборонив їм розповідати про бачене доти, доки Він не воскресне з мертвих.

“Будьте, як діти...”

Мт. 18:1-14; Мк. 9:33-37; Лк. 9:46-48

Одного разу, прийшовши зі Своїми учнями в Капернаум, Ісус запитав у них: “Про що ви міркували в дорозі?” Учням було соромно зізнатися, адже вони сперечалися між собою, хто з них найбільший.

Тоді Ісус сів під деревом, підкликав Дванадцятьох, та й сказав їм: “Коли хтось із вас бажає бути першим, — нехай буде найменшим з усіх і слугою всім!” Учні ніяк не могли збагнути, що Ісус мав на увазі.

Тоді Ісус прикликав до Себе дитину, поставив перед учнями, і обійнявши її, каже: “Хто впокориться, як ця дитина, той найбільший у Царстві Небеснім.

Коли ж хто в Ім’я Моє прийме одне з дітей таких, той приймає Мене. Хто ж приймає Мене, — приймає Того, Хто послав Мене!

А коли хтось спокусить одне з малих цих, які вірують в Мене, велике горе тій людині!

Стережіться, щоб ви не погордували жодним з малих цих. Кажу вам, що їхні Ангели повсякчасно бачать у небі обличчя Отця Мого Небесного”.

Як ставитися до прогріхів ближніх

Мт. 18:15-20

“Якщо твій брат по вірі згрішить, — продовжував Ісус, — поговори з ним наодинці. Якщо він прислухається до твоїх слів, — ти повернув собі брата.

Якщо ж він не покається, тоді поклич одного чи двох свідків і поговори з ним при свідках.

Якщо й це не допоможе, звернися до Церкви, коли ж і Церкви не послухає, — стався до нього, як до невіруючого й грішника!

Коли Церква прийме якесь рішення на землі, то воно має силу й на небі.

І ще кажу вам, що коли двоє з вас на землі погодяться молитися разом про щось, Отець Небесний виконає їхнє прохання!

Бо де двоє чи троє зберуться в Ім’я Моє, — там Я серед них!”

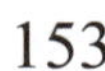

Уздоровлення прокажених

Лк. 17:11-19

Дорогою до Єрусалима Ісус наблизився до одного села. І ось, входячи до нього, Він побачив десятьох чоловіків, хворих на проказу. Усі вони не наважувалися підійти до Нього, а лише здалеку благали: "Ісусе, Наставнику, — змилуйся над нами!"

Побачивши їхню віру, Ісус сказав їм: "Ідіть і покажіться священикам!" Коли ж вони йшли,

то всі видужали від прокази... Лише один з них, самарянин, щасливий через своє одужання, повернувся, уголос прославляючи Бога. Він припав до ніг Ісусових, від щирого серця дякуючи Йому. Ісус же промовив: "Чи не десять очистилися, — де ж інші дев'ять? Чому вони не повернулися віддати подяку Богові, а лише цей чужинець?"

Тоді Ісус сказав йому: "Підведися й іди: твоя віра спасла тебе!"

Притча про милосердного самарянина

Лк. 10:25-37

Один учитель Закону, сподіваючись упіймати Ісуса на слові, запитав Його: “Учителю! Що мені треба робити, аби осягнути вічне життя?”

Ісус у відповідь запитав його: “А в Законі як написано?”

“Там написано, що треба любити Господа Бога всім серцем і свого ближнього, як самого себе”.

“Правильно, — сказав Ісус. — Якщо так чинитимеш, то осягнеш вічне життя”.

Тоді, шукаючи для себе виправдання, учитель Закону запитав в Ісуса: “А хто мій ближній?”

Ісус, знаючи його думки, вирішив розповісти йому притчу:

“Якось ішов один чоловік з Єрусалима до Єрихона. Дорогою на нього напали розбійники, дуже побили його, забрали одяг і залишили скривавленого край дороги.

Аж ось іде тією дорогою священик. Побачив, що лежить людина, і проминув. Потім проходив тим шляхом левит. Він підійшов до пораненого, подивився, і також пішов далі.

Незабаром проходив там самарянин. Побачивши пораненого, він промив і перев'язав йому рани, потім посадив на свого віслюка й привіз до гостиниці, де доглядав за ним. Наступного дня, від'їжджаючи, самарянин дав господареві гроші — два динарії, попросивши його потурбуватися про пораненого. "А якщо ти витратиш більше, — додав самарянин, — я віддам тобі, коли повертатимуся назад".

Тепер скажи Мені, — звернувся Ісус до вчителя Закону, — хто із цих трьох — священик, левит чи самарянин — був ближнім цьому страждальцю?"

"Той, хто надав йому допомогу", — відповів учитель Закону.

"Отож іди й завжди чини так само", — сказав йому Ісус.

Марта і Марія

Лк. 10:38-42

Одного разу, ходячи по Юдеї, Ісус увійшов до Витанії, і одна жінка на ім'я Марта прийняла його у свій дім. Була в неї сестра, котра звалася Марією. Марія сіла біля ніг Ісуса, і Він її навчав. А тим часом Марта клопоталася по господарству. І стало їй прикро, що Марія нічого не робить, та й каже: "Господи, чи байдуже Тобі, що на мене саму полишила служити сестра моя? Скажи ж їй, щоб мені допомогла".

Господь же відповів Марті: "Марто, Марто, — турбуєшся й журишся ти про багато чого, а потрібне одне. Марія ж обрала найкращу частку, яка не відбереться від неї!"

Таким чином Ісус дав зрозуміти, що слухання Божого Слова важливіше за будь-які життєві турботи, бо веде до вічного життя.

Добрий Пастир

Ів. 10:1-16

Якось розмовляючи з фарисеями, Ісус сказав їм:

“Вівці слухають лише свого пастиря й відгукуються лише на його голос. Вони йдуть тільки за ним, а від чужого втікають.

До Мого приходу багато було злодіїв і розбійників, що вдавали із себе пророків, але люди не слухали їх.

Хто не входить в кошару через двері, але перелазить через огорожу, — той злодій та розбійник. Злодій приходить тільки для того, щоб украсти, убити й погубити. Я ж прийшов, щоб ви мали життя і щоб над міру мали.

Я — Добрий Пастир. Добрий пастир готовий покласти власне життя за овець. А наймит, який найнявся пасти чужу отару, про овець не турбується. Варто йому побачити вовка, як він одразу втікає, покинувши овець напризволяще.

Також маю Я інших овець, які не з цієї кошари, Мені належить привести також і їх до Себе. Вони почують Мій голос, і тоді буде одна отара, і один буде в неї Пастир".

Це Він сказав, маючи на увазі, що Він є Пастирем не лише для юдеїв, але й для інших народів, які приймуть Його як Спасителя.

Воскресіння Лазаря

Ів. 10:39-11:46

Юдеї щораз більше нападали на Ісуса, звинувачуючи в богозневазі, так що готові були Його каменувати. Побачивши їхній намір, Ісус разом з учнями відійшов за Йордан і перебував там.

Одного разу прийшов до Нього посланець із Витанії й сповістив, що брат Марії та Марти Лазар тяжко захворів. Ісус дуже любив Марту, і сестру її Марію, і Лазаря.

Коли ж почув Він цю новину, то відповів: "Ця недуга не до смерті, але щоб Син Божий прославився через неї".

Минуло два дні; тоді Ісус сказав учням: "Ходімо знову в Юдею". Учні вкрай здивувалися: "Учителю! Адже Тебе в Юдеї хотіли каменувати! І незважаючи на це Ти хочеш знову йти туди?"

Ісус відповів їм: "Лазар заснув, і Я йду розбудити його".

Ісус мав на увазі смерть Лазаря, проте учні цього не зрозуміли й почали заспокоювати Його: "Ну, якщо він заснув, то одужає!"

Тоді Ісус сказав відверто: "Лазар помер, — а потім додав. — Я радію за вас, бо це сталося, аби ви ввірували. Ходімо!"

Коли Ісус прийшов у Витанію, виявилося, що Лазар помер чотири дні тому. У домі зібралося чимало людей, що співчували сестрам Лазаря.

Марта, почувши, що прийшов Ісус, поспішила Йому назустріч, тоді як Марія залишилася вдома. Побачивши Ісуса, Марта сказала Йому: "Господи! Якби Ти був тут, Лазар не помер би! Проте я вірю, що й тепер Бог зробить усе, про що б Ти Його не попросив".

"Твій брат воскресне", — коротко відповів Ісус.

"Авжеж, я знаю, — наприкінці часу він обов'язково воскресне".

Тоді Ісус сказав їй: "Я є воскресіння й життя. Хто вірить у Мене, навіть якщо вмре, житиме. Ти віриш у це, Марто?"

"Так, Господи, — відповіла Марта, — я вірю, що Ти — Месія, Син Божий". І вона побігла додому, непомітно викликала сестру й шепнула їй: "Учитель тут! Він чекає на тебе". Марія відразу побігла до Ісуса, а люди, що зібрались у домі, гадали, що вона йде до могили, й пішли слідом. Побачивши Ісуса, Марія

припала Йому до ніг і заплакала: "Господи! Якби Ти був тут, Лазар був би живий!"

Дивлячись на Марію та людей, які плакали довкола, Ісус відчув глибоке хвилювання. "Де ви його поховали?" — запитав Він. Йому відповіли: "Ходімо, Господи, і подивишся". Тоді з Ісусових очей закапали сльози.

"Гляньте, як Він любив Лазаря", — почулися голоси, а дехто почав казати: "Невже цей Чоловік, Який дав зір сліпому, не міг відвести смерть від Лазаря?"

Ісус підійшов до могили — заглиблення у скелі, затуленому великим каменем. "Відійміть камінь!" — наказав Він. "Вже чути сморід, Господи! — каже до Нього Марта. — Адже він вже чотири дні як помер!"

На це Ісус відповів: "Хіба не казав Я тобі: якщо віритимеш — побачиш славу Божу".

Коли камінь відкотили, Ісус здійняв очі до неба й промовив: "Отче, дякую Тобі, що Ти почув Мене. Я знаю, що Ти завжди почуєш Мене, але кажу це задля народу, аби вони повірили, що Ти послав Мене". Після цього Він голосно крикнув: "Лазарю, — вийди сюди!"

Воскреслий вийшов, обв'язаний по руках і ногах пасами, а обличчя його було перев'язане хусткою. "Розв'яжіть його, і нехай іде!" — наказав Ісус.

І багато юдеїв, які перебували того дня в домі Марії та бачили все це, повірили в Ісуса.

Притча про заблудлу вівцю та загублену драхму

Лк. 15:1-10

Коли Ісус навчав народ, приходили послухати Його й численні грішники, і зневажувані всіма митники. Натомість фарисеї та вчителі Закону не могли збагнути, чому Ісус не цурається їх, а навпаки спілкується та їсть разом з ними.

Тоді Ісус розповів фарисеям та вчителям Закону таку притчу: "Якщо у вас в отарі сто овець і одна вівця загубилася, — невже ви не залишите отару й не підете шукати заблудлу вівцю? І знайшовши її, ви, звичайно, вельми зрадієте, скличете друзів і сусідів, кажучи: "Радійте зо мною, бо знайшов я вівцю, що загубилася у мене".

Так само на небі більше радітимуть одним грішником, який покаявся у своїх гріхах, ніж через дев'яносто дев'ять праведників, які не потребують каяття!

Або уявіть собі жінку, яка має десять драхм, і ось одна з них загубилася. Вона негайно позапалює свічки й почне підмітати підлогу, сподіваючись таким чином відшукати загублену монету. А знайшовши її, вона скличе подруг, аби й вони раділи разом з нею.

Отож кажу вам, так само й Ангели Божі радіють на небі за одного грішника, що покаявся".

Притча про блудного сина

Лк. 15:11-32

Ще одну притчу розповів Ісус: “Один чоловік мав двох синів. Молодший син попросив батька віддати належну йому частину майна й пішов з дому. Вирушивши в далекий край, він жив там у неробстві й швидко розтратив усі гроші. Крім того настав у тім краї голод, і юнак опинився в цілковитій скруті. Йому довелося найнятись свинарем в одного місцевого мешканця; він був готовий їсти стручки, які давали свиням, але навіть їх ніхто йому не давав. Настала мить, коли він нарешті схаменувся: “Наймити в мого батька мають вдосталь хліба, а я тут помираю з голоду! Отже, піду до батька й буду в нього за наймита”.

Юнак ще був далеко від дому, коли батько побачив його. Він побіг назустріч синові, обійняв і поцілував його. Тоді син сказав: “Тату, я дуже завинив перед тобою й Богом і не гідний більше називатися твоїм сином…”

Проте батько наказав слугам принести для сина найкращий одяг і взуття, подарував йому дорогий перстень. Після цього він наказав зарізати теля й готуватися до великого бенкету:

“Радіймо, бо мій син був мертвий і ожив, пропав і знайшовся!” І почався веселий бенкет.

Тим часом старший син повертався з поля. Почувши сміх та пісні, він здивовано запитав слугу, що діється. Слуга пояснив, що повернувся молодший брат, і батько на радощах звелів улаштувати бенкет.

Старший син дуже розсердився й не хотів увійти в дім. І коли сам батько покликав його, старший син сказав з гіркотою: “Я стільки років чесно допомагаю тобі й ніколи не порушив твого наказу, а ти мені й козеняти не дав, аби побенкетувати з друзями. А мій брат розтратив усе своє майно й щойно повернувся, — як ти звелів зарізати для нього вгодоване теля!”

На це батько відповів йому: “Дитино, ти завжди поруч зо мною, і все, що я маю, — твоє! Твій брат був мертвий і ожив, пропав і знайшовся — ось чому слід радіти!”

Притча про багатія та вбогого Лазаря

Лк. 16:13-26

Ісус навчав, що не можна служити одночасно Богові й мамоні, тобто земному багатству. Він казав, що ті, які дбають про збагачення, не можуть догодити Богові, бо богом для них стало їхнє багатство.

Чуючи це, фарисеї, будучи сріблолюбцями, стали підсміюватися з Ісуса. Він же побачив це й сказав їм: "Ви видаєте себе за праведних перед людьми, але Бог бачить вашу справжню сутність!"

І розповів їм притчу: "Жив собі один багатий чоловік: він носив дорогий одяг і щодня влаштовував гучні бенкети. Він радів такому життю й не звертав уваги на бідного Лазаря, який лежав біля його воріт й волів отримати бодай крихти з його столу. Тіло Лазаря було все вкрите виразками, але багатій не вважав за необхідне чимось йому допомогти. Лише пси приходили й лизали йому рани.

Через деякий час Лазар помер, — і Ангели віднесли його на лоно Авраама.

Згодом помер також і багатий, і опинився в пеклі. Терплячи там муки, багатій підняв очі й побачив здалека Лазаря поруч з Авраамом і закричав: "Отче Аврааме! Зглянься наді мною й пошли Лазаря, — нехай вмочить свого пальця у воді й прохолодить мого язика, бо я мучуся в полум'ї цім!.."

Авраам відповів йому: "Пригадай, як ти насолоджувався життям у той час, коли Лазар страждав. Прийшов час і кожен отримав те, на що заслужив. Тепер він тут радіє, а ти страждаєш.

Крім того, нас розділяє велика прірва, яку ніхто не може подолати".

Тоді багатий попросив: "Прошу тебе, надішли Лазаря до дому мого батька, і нехай він усе розповість моїм п'ятьом братам, бо я не хочу, щоб вони страждали, як я".

"У них є Закон Мойсея і Писання пророків — нехай їх слухаються".

"Ні, батьку Аврааме! Якби б хтось із померлих прийшов до них, тоді вони покаялися б у гріхах!" — вигукнув багатій.

"Якщо вони Мойсея й пророків не слухаються, — заперечив Авраам, — то навіть, якщо хтось із мертвих воскресне — вони однаково не повірять".

P. Monte

Притча про неправедного суддю

Лк. 18:1-8

Потім, аби пояснити необхідність постійно молитися й не занепадати духом, Ісус розповів таку притчу: “У одному місті жив неправедний суддя, який не боявся ані Бога, ані людей не соромився. У тому ж місті мешкала вдовиця, яка приходила до судді й просила захистити її від супротивника.

Але той суддя довго відмовлявся, а тоді подумав: хоча Бога

не боюсь і людей не соромлюсь, але надто вже обридла мені ця вдова, — захищу її, аби лишень не докучала мені”.

Тоді й каже Ісус: “Бачите, що каже неправедний суддя? Бог же, чи не захистить Своїх обранців, що моляться до Нього день і ніч, щодо яких Він певний час зволікає? Кажу вам, що мине не багато часу, і Він стане на їхній захист”.

Ісус благословляє дітей

Мк. 10:13-16; Лк. 18:15-17

Якось до Ісуса привели дітей, аби Він благословив їх. А учні Ісусові не пускали матерів з дітьми, побоюючись, що вони заважатимуть Учителеві.

Коли Ісус це помітив, то обурився й сказав: “Пустіть дітей, щоб підійшли до Мене, і не забороняйте їм, бо Царство Боже належить таким, як вони! Запам’ятайте: хто не прийме Царства Божого, як ці діти, не ввійде до нього”.

На цьому слові Ісус обійняв дітей та благословив їх.

Про багатство

Мт. 19:16-29; Мк. 10:17-30; Лк. 18:18-30

Одного разу до Ісуса звернувся юнак: “Учителю, що маю зробити доброго, щоб отримати життя вічне?”

Ісус йому відповів: “Коли хочеш увійти до життя, виконуй Заповіді”.

“Які саме?” — запитав той. “Не вбивай, не чини перелюбу, не кради, не свідчи неправдиво, шануй свого батька й матір, і люби свого ближнього, як самого себе”, — відповів Ісус.

“Усе це я змалку виконую! — відповів юнак. — Чого ще мені не вистачає?”

Ісус поглянув на нього з любов’ю, та й каже: “Якщо хочеш бути досконалим, роздай своє майно бідним, і матимеш скарб на небі. Тоді приходь і йди за Мною!”

Юнак замислився: як же він роздасть своє майно бідним, адже він був дуже багатий. І так зажурившись, відійшов від Ісуса.

Тоді Ісус сказав учням: “Як тяжко тим, хто має багатство, увійти в Царство Боже! Верблюдові легше пройти через вушко

голки, ніж багатому в Боже Царство ввійти!"

"Хто ж тоді може спастися?" — вигукнули вражені учні.

Ісус пильно поглянув на них і відповів: "Неможливе людям, можливе Богові. Для Бога все можливе!"

Аж тут запитує Петро в Ісуса: "Ось ми залишили все, і пішли за Тобою. Що буде нам за це?"

Ісус сказав: "Немає такого, хто б залишив дім, чи братів, чи сестер, або матір, чи батька, чи дітей, чи землі заради Мене та заради Євангелії й не одержав би в сто разів більше тепер, — домів, і братів, і сестер, і матерів, і дітей, і земель, а у віці наступному — вічне життя".

Притча про робітників у винограднику

Мт. 20:1-16

Щоб учні краще зрозуміли, що таке Царство Небесне, Ісус розповів їм притчу:

"Царство Небесне подібне до одного господаря, що вдосвіта вийшов найняти робітників у свій виноградник.

Домовився він із робітниками заплатити їм по динарію за день, після чого послав їх до свого виноградника. А коло години дев'ятої ранку, побачив він інших, що стояли без праці, та й каже до них: "Ідіть і ви до мого виноградника, і що буде належати, дам вам". Вони послухались і пішли. І вийшов він також о дванадцятій годині та о третій годині дня. І, нарешті, коло п'ятої години вечора знайшов ще інших, що стояли без праці, і каже до них: "Чого тут стоїте цілий день безробітні?" Вони кажуть до нього: "Бо ніхто не найняв нас". Відповідає їм: "Ідіть і ви у виноградник".

Коли ж настав вечір, господар сказав до свого управителя: "Поклич робітників і розрахуйся з ними за працю, починаючи з останніх до перших".

І підійшли ті, що працювали з п'ятої години вечора, і отримали по динарію. Коли ж підійшли ті, що працювали із самого ранку, то гадали, що вони отримають більше. Але й вони отримали по динарію. Після цього вони почали нарікати на господаря, кажучи: "Ці останні одну годину працювали, а ти прирівняв їх до нас, які витерпіли тягар дня та спекоту".

Відповідаючи, він сказав одному з них: "Не кривджу я, друже, тебе, — хіба не за динарія ти погодився зі мною? Візьми своє та йди. Я хочу дати цьому останньому, як і тобі. Чи ж я не маю права розпоряджатись своїм, як я хочу? Хіба око твоє заздрісне через те, що я добрий?"

Отак будуть останні першими, а перші — останніми!"

Спасіння прийшло до митника Закхея

Лк. 19:1-10

Одного разу Ісус прийшов в Єрихон. А в Єрихоні жив чоловік на ім'я Закхей. Він був старшим над митниками й досить багатим. Закхей дуже хотів побачити Ісуса, але ніяк не міг, оскільки був малим на зріст. І ось він вирішив будь-що здійснити своє бажання. Він виліз на дерево в тому місці, де мав проходити Господь. Невдовзі Ісус підійшов до дерева, де сидів Закхей. Звівши очі догори, Ісус поглянув на збентеженого чоловіка, та й каже йому: "Закхею, негайно злізай, бо сьогодні потрібно Мені бути в твоїм домі!"

Не тямлячи себе від радості, Закхей хутко спустився додолу й прийняв Ісуса у своєму домі. Народ почав обурюватися, що Ісус пішов у дім до митника. Адже митників усі зневажали, бо вони збирали податки для кесаря. Митники нерідко кривдили людей, вимагаючи більше грошей, аніж належало сплачувати.

Натомість Закхей встав і оголосив: "Господи, половину маєтку свого я роздам убогим, а коли кого скривдив чим, — поверну вчетверо".

Ісус сказав на це: "Сьогодні до цього дому завітало спасіння, бо й він син Авраама.

Син Людський прийшов, щоб знайти та спасти те, що загинуло!"

Притча про десять мін срібла

Лк. 19:11-27

Ісус перебував поблизу Єрусалима, і багато хто сподівався на швидке настання Царства Божого. Саме тоді Ісус розповів притчу:

"Один чоловік зі славного роду вирушив до далекого краю, аби прийняти там царство. А перед від'їздом він закликав до себе десять слуг, дав кожному по міні — одна міна дорівнювала 100 драхмам — і звелів їм за його відсутності орудувати ними, щоб отримати прибуток.

Прийнявши царство, чоловік повернувся на батьківщину й зажадав звіту від слуг, що вони зробили з грошима. Перший повідомив: "Пане! Міна, яку ти дав мені, принесла десять мін прибутку". Той похвалив його й віддав йому у володіння десять міст. Другий доповів, що отримав п'ять мін прибутку, і одержав під своє управління п'ять міст. Ще один сказав: "Пане, ось твоя міна — я її сховав у хустці. Я ж бо боявся тебе, — ти людина жорстока: береш, чого не поклав, і жнеш, чого не посіяв". Цар тоді відказав йому: "Ти сам себе засудив! Якщо ти знав, що я жорстока людина, то чому ж не віддав гроші міняльникам, — і я, повернувшись, узяв би своє із прибутком? Заберіть у нього міну й віддайте тому, хто придбав десять мін". "Але ж у нього вже є десять мін!" — здивувалися слуги.

Кажу вам: кожному, хто має, то дасться йому, хто ж не має, — забереться від нього й те, що він має".

Сказавши це, Ісус пішов далі, простуючи до Єрусалима.

Помазання Ісуса миром у Витанії

Мт. 26:6-13; Мк. 14:3-9; Ів. 12:1-8

Перед тим, як увійти до Єрусалима Ісус зупинився у Витанії, де знову побачився з Лазарем та його сестрами — Марією та Мартою. На честь Ісуса було влаштовано урочисту вечерю. Марта слугувала біля столу, а Марія взяла посудину з дорогоцінним нардовим миром — запашною олією, і намастила ним ноги Ісуса, а потім витерла їх своїм волоссям. Уся оселя відразу наповнилася пахощами.

Тоді один з учнів Ісуса, Юда Іскаріотський, каже: "Чому було б не продати цього мира за триста динаріїв і не роздати вбо-

гим?” Він так сказав не через те, що про вбогих турбувався, а тому, що носив скриньку з пожертвами й крав з неї гроші.

У відповідь Ісус сказав йому: “Облиш її, — вона це вчинила на Мій похорон. Убогих ви завжди маєте із собою, а Мене не завжди матимете! Кажу вам, де тільки ця Євангелія буде проповідувана в цілому світі, — буде розповідатися й про те, що вона зробила, — на згадку про неї!”

В'їзд Ісуса до Єрусалима

Мт. 21:1-11; Мк. 11:1-10; Лк. 19:29-44; Ів. 12:12-19

Перед тим, як увійти до Єрусалима, Ісус звелів двом учням піти до найближчого селища. "Там, — сказав Ісус, — ви побачите прив'язаного віслюка, на якого ще ніхто не сідав. Відв'яжіть його й приведіть до Мене. А якщо вас запитають: "Що це ви робите?" — то скажіть, що Господь потребує його". Учні так і зробили. Привели віслюка, Ісус сів на нього й попрямував до Єрусалима. Так справдилося пророцтво: "Не бійся, дочко Сіонська! Ось Цар твій іде, сидячи на молодому ослі".

Юрми людей встелювали перед Ісусом дорогу своїм одягом, а деякі зрізали гілля з дерев і також стелили перед Ним. Люди, що йшли попереду й позаду, радісно кричали, вітаючи Ісуса як Сина Давидового й Месію. Учні Ісуса гучно славили Його за звершені чудеса. "Осанна! Благословенний, хто йде у Господнє Ім'я!" — чулося з натовпу.

А дехто з фарисеїв сказали Ісусові: "Учителю, — заборони Своїм учням!" Ісус на це відповів: "Кажу вам, що коли вони замовкнуть, то каміння кричатиме!"

Коли Ісус в'їхав до Єрусалима, у місті почалися заворушення. "Хто цей Чоловік?" — лунали звідусіль голоси.

"Це Ісус, пророк з Назарета", — чулася відповідь.

У храмі

Мт.21:14-16; Мк. 11:18; Лк. 19:47-48

Прийшовши в Єрусалим, Ісус відразу пішов до храму. Його негайно оточили сліпі й криві, що перебували в храмі, і Він усіх їх уздоровив. А діти довкола радісно вигукували: “Осанна, Сину Давидовому!”

Почувши це, первосвященики та вчителі Закону розгнівалися й почали дорікати Ісусові: “Хіба Ти не чуєш, що вони кричать?!”

“Чую, — відповів Ісус, — а ви хіба не читали в Писанні: “Із уст немовлят і тих, що ссуть, учинив Ти хвалу”?”

Щодня Ісус приходив до храму проповідувати. А первосвященики та вчителі Закону почали складати плани, як би Його погубити. Але довкола Ісуса постійно юрмився народ, і вони боялися, як би не сталося заколоту.

Дві лепти бідної вдовиці

Мк. 12:41-44; Лк. 21:1-4

Якось Ісус сидів навпроти скарбниці, куди прочани вкидали гроші, жертвуючи на храм. Він уважно спостерігав за людьми: хто і як жертвує. Багаті звичайно кидали до скарбниці багато грошей. Але ось підійшла бідна вдова й укинула до скарбниці дві лепти — дрібні мідні монетки.

Тоді Ісус покликав до Себе учнів і сказав їм: “Знайте, ця вдовиця пожертвувала більше за всіх, бо інші вкидали до скарбниці від своїх достатків, а вона поклала усе, що мала”.

Притча про десять дів

Мт. 25:1-13

Пояснюючи учням, про Свій другий прихід, Ісус розповів притчу:

“Тоді Царство Небесне буде подібне до десяти дів, які взяли свої каганці, та й пішли зустрічати молодого. П’ять дів виявилися нерозважними, і, взявши каганці, не захопили із собою оливи, щоб підтримувати вогонь. А інші п’ять були мудрими, і разом з каганцями захопили також і оливи.

Сталося так, що молодий затримався в дорозі, і діви, чекаючи на нього, задрімали. Аж ось опівночі пролунав крик: “Молодий з’явився! Ідіть, зустрічайте його!”

Діви попрокидались — світильники їхні вже ледь-ледь горіли. Мудрі поправили їх, а нерозважні почали просити: “Дайте нам оливи, бо наші світильники гаснуть”. А мудрі їм відповіли: “Щоб часом не сталося, що не вистачить і вам, і нам, — тож краще підіть до продавців і купіть собі”.

Нерозважні побігли купувати оливу. Тим часом прибув моло-

дий, діви, які були готові, увійшли з ним на весілля, і двері за ними зачинили.

Згодом повернулися нерозважні діви й почали просити: “Пане, пане! Відчини нам двері!” Але той відповів їм: “Я вас не знаю!”

Тож пильнуйте, бо не знаєте ні дня, ні години, коли прийде Син Людський!” — завершив Свою оповідь Ісус.

Зрада Юди

Мт. 26:1-5, 14-16; Мк. 14:1-2, 10-11; Лк.22:1-6

До свята Пасхи залишалося два дні. Первосвященики та вчителі Закону й далі міркували, як їм погубити Ісуса. Але вони боялися будь-що робити під час свята, аби не спричинити народних заворушень.

Аж тут до них прийшов один із Дванадцятьох, Юда Іскаріотський, і сказав, що за плату готовий видати їм Учителя.

Первосвященики та вчителі Закону зраділи й дали Юді гроші — тридцять срібняків. А він пообіцяв, що повідомить їм про зручний час, коли навколо Ісуса не буде багато людей, і можна буде схопити Його непомітно.

Приготування до Пасхи

Мт. 26:17-19; Мк. 14:12-16; Лк. 22:7-13

Настав перший день Опрісноків, коли за звичаєм різали пасхальне ягня. Ісус звелів Петру та Івану приготувати все необхідне для святкової вечері. “А де Ти хочеш це влаштувати?” — запитали учні. “Ідіть у місто, — відповів їм Ісус, — там ви побачите чоловіка, що нестиме в глеко-

ві воду. Ідіть за ним, аж поки не ввійдете в дім. Тоді скажете господарю того дому: “Учитель звелів запитати тебе, де Йому з учнями спожити пасху?” Він вам покаже велику кімнату, вистелену килимами. Там і приготуйте все для споживання”.

Учні докладно виконали наказ Ісуса. І коли прийшов час, Він разом з учнями зайняв місце біля пасхального столу.

Ісус обмиває ноги учням

Ів. 13:1-15

Ісус уже знав, що наближається година Його смерті. Під час їжі Він встав від вечері, зняв із Себе верхній одяг і підперезався рушником. Потім налив до вмивальниці води й почав обмивати ноги учням.

Коли черга дійшла до Симона-Петра, той вигукнув: "Господи! Хіба ж Тобі обмивати мені ноги?!" Проте Ісус відповів: "Ти

поки що не розумієш, що Я роблю, але згодом збагнеш". Однак Петро ніяк не погоджувався, щоб Ісус обмив йому ноги, поки Той не сказав йому: "Якщо Я не обмию тобі ноги, ти не зможеш називатися Моїм учнем".

Почувши це, Петро попросив: "Тоді обмий мені й руки, й голову". Однак Ісус не вважав за потрібне це робити, зауваживши: "Якщо людина чиста, то їй достатньо обмити лише ноги. Ви чисті, хоча й не всі".

Ісус так сказав, оскільки знав, хто з учнів зрадить Його.

Обмивши всім ноги й зодягнувши верхній одяг, Ісус знову зайняв місце біля святкового столу й запитав учнів: "Чи знаєте, що Я щойно зробив вам?

Ви правильно називаєте Мене Вчителем і Господом, бо Я справді є таким. І якщо Я, Учитель і Господь, обмив вам ноги, то й ви повинні так служити один одному.

Я вам подав приклад, аби й ви так завжди чинили".

Таємна Вечеря

Мт. 26:20-29; Мк. 14:17-25; Лк. 22:14-23; Ів. 13:18-27

Вечеря продовжувалась. Ісус узяв у руки хліб, поблагословив, поламав і дав учням, кажучи: "Прийміть, споживайте, це — тіло Моє, що за вас віддається. Це чиніть на спомин про Мене!"

Потім узяв чашу з вином, поблагословив і подав учням зі словами: "Пийте з неї всі, бо це — кров Моя Нового Завіту, що за багатьох проливається на відпущення гріхів!"

Тоді Ісус стривожився духом і промовив: "Кажу вам, що один з вас зрадить Мене". Учні почали озиратися один на одного, не знаючи, про кого Він це сказав. Тоді Петро шепнув Іванові, який сидів поруч з Ісусом: "Запитай, про кого Він це каже?" Іван нахилився до Ісуса та й питає: "Хто це, Господи?" А Ісус відказав йому: "Це той, кому, умочивши, подам Я шматок хліба". І подав Юді Іскаріотському зі словами: "Що робиш — роби негайно". А всі присутні подумали, що Ісус наказав йому купити щось до вечері, або дати милостиню убогим, бо Юда носив із собою скриньку з грошима.

Тоді Юда, взявши того шматка, піднявся й відразу вийшов. На дворі ж була ніч.

Пророцтво про зречення Петра

Мт. 26:30-35; Мк. 14:26-31; Лк. 22:31-34; Ів. 13:36-38

Після завершення пасхального споживання їжі Ісус з учнями пішли на Оливну гору.

Там Ісус сказав учням: “Сьогодні вночі ви всі залишите Мене, як сказано в Писанні: “Уражу пастиря — й порозбігаються вівці...” Але коли Я воскресну, ми зустрінемось із вами у Галилеї”.

Петро у відповідь із запалом вигукнув: “Хоча б усі Тебе покинули, — я цього ніколи не зроблю!”

“Кажу тобі, Петре, ще до ранкових півнів ти тричі Мене зречешся”, — сказав йому Ісус.

“Якби мені прийшлось навіть опинитись у в’язниці або вмерти разом з Тобою, я не зречуся Тебе!” — запевняв Петро. Те саме говорили й інші учні.

Шлях до Царства Божого

Ів. 14:1-6

“Не бійтеся, — далі напучував учнів Ісус, — вірте у Бога й вірте у Мене.

Багато осель в домі Отця Мого, ось іду й приготую вам місце, а потім знову повернуся й заберу вас до Себе, аби ви були разом зі Мною.

Ви знаєте, куди Я йду, і шлях туди вам відомий”.

Проте один з учнів Ісусових, Хома, вигукнув: “Ні, Господи, ми не знаємо, куди Ти йдеш! І звідкіля можемо знати шлях?!”

“Я є — шлях, істина й життя, — відповів Ісус, — і до Отця Мого можна прийти лише через Мене”.

Гетсиманська молитва

Мт. 26:36-46; Мк. 14:32-42; Лк. 22:39-46; Ів. 18:1

На схилі Оливної гори був сад, що називався Гетсиманським. Туди й прийшов Ісус із учнями.

І каже їм Ісус: "Посидьте тут, поки я помолюсь".

А Сам відійшов від них на віддаль, як кинути каменем, упав на коліна й молився, промовляючи: "Отче, — Тобі все можливе: пронеси мимо Мене ці муки; однак не Моя хай буде воля, але Твоя!"

Після цього Ісус повернувся до учнів і застав їх сплячими. Тоді Він каже Петрові: "Симоне, спиш ти? Однієї години не зміг ти попильнувати?" Тоді звернувся до всіх: "Пильнуйте й моліться, щоб не потрапити в спокусу!"

І знову відійшов Ісус, і продовжував молитися: "Отче Мій! Якщо неможливо Мені уникнути цих мук, нехай буде так, як Ти хочеш!"

Тим часом утомлені учні Його знову поснули. Поглянувши на них, Ісус утретє звернувся до Отця — з тією ж молитвою.

Тоді Ісус знову підійшов до учнів, і сказав: "Ви усе ще спите та спочиваєте? Ось наближається час, коли Сина Людського віддадуть у руки грішників! Вставайте, ходімо, — ось наближається той, хто зрадив Мене!"

Поява Юди

Мт. 26:47-50; Мк. 14:43-46; Лк. 22:47-48; Ів. 18:2-9

У цей час у саду з'явився Юда, який привів із собою багато людей від первосвящеників і старшин. Вони ішли зі смолоскипами, ліхтарями та зі зброєю, шукаючи Ісуса. Юда заздалегідь попередив їх: "Той, Кого я поцілую, це Він".

Побачивши Ісуса, Юда підійшов до Нього зі словами: "Вітаю Тебе, Учителю!" — і поцілував Його.

Арешт Ісуса

Мт. 26:51-58; Мк. 14:47-53; Лк. 22:49-54; Ів. 18:10-14

Ісуса негайно взяли під варту. Кинувшись Йому на захист, Петро вихопив меча й рубонув слугу первосвященика, і відтяв йому вухо. Ісус зупинив його і сказав: "Сховай меча в піхви! Чи ти думаєш, що Я не можу зараз попросити Свого Отця, і Він надішле безліч Ангелів, щоб захистити Мене? Але тоді не виконається пророцтво з Писання..." Ісус доторкнувся до вуха того слуги, і зцілив його.

А потім, звертаючись до оточуючих Його людей, Ісус сказав: "Ви прийшли з мечами й кілками арештувати Мене, ніби розбійника. Коли ж щоденно Я вас навчав у храмі, ви Мене не схопили! Але все це повинно було статися, щоб виконалися пророцтва Писання..."

У той час усі Ісусові учні з переляку порозбігалися.

Ісуса повели до первосвященика Каяфи, де вже були зібрані старшини та вчителі Закону. Петро йшов на віддалі вслід за ними, аж доки вони не зайшли у двір первосвященика. Петро також увійшов у двір і сів разом зі слугами біля вогню, аби побачити, що станеться далі.

Зречення Петра

Мт. 26:58, 69-75; Мк. 14:54, 66-72; Лк. 22:54-62; Ів. 18:15-18, 25-27

Доки вночі тривав допит Ісуса в домі первосвященика Каяфи, Петро сидів на подвір'ї разом зі слугами, гріючись біля вогнища. Раптом одна служниця впізнала його: "Ти був з Ісусом галилейцем!"

Проте Петро почав запевняти, що вона помиляється.

Він перейшов у інше місце, ближче до брами, але там його побачила інша служниця, котра також наполягала: "Цей чоловік був разом з Ісусом Назарянином". І знову Петро відрікся, кажучи, що не знайомий з Ісусом.

Минуло зовсім мало часу, і Петра звинуватили втретє: "Але ж ти напевно один з них — твоя вимова тебе зраджує!" Однак Петро, як і перед тим, почав присягатися й божитися, що не знає Ісуса.

І цієї миті заспівав півень. Тут Петро й згадав слова, які сказав Ісус: "Ще до вранішніх півнів ти тричі Мене зречешся".

І вибігши за браму, він гірко заплакав.

Ісус перед синедріоном. Допит у Пилата

Мт. 26:59-68; 27:1-2, 11-14; Мк. 14:55-65; 15:1-5; Лк.22:63-23:5; Ів. 18:19-24,28-38

А тим часом первосвященик і весь синедріон, найвищий юдейський суд, зібралися, аби вирішити, що робити з Ісусом. Вони прагнули засудити Його до смерті, але на це потрібні були вагомі підстави.

Первосвященик запитав Ісуса, хто Він і чому Він навчає лю-

дей. На це Ісус відповів йому: “Я щодня навчав народ у храмі й таємно нічого не говорив. Запитай про це в людей, і вони тобі розкажуть”. Як тільки Він це сказав, один зі слуг первосвященика вдарив Ісуса в щоку, говорячи: “Оце так Ти відповідаєш первосвященикові?!”

Ісус же відповів йому: “Якщо Я погано відповів, скажи, що не так, а якщо добре, то за що́ Мене б'єш?”

Тоді приступили різні свідки, але свідчення їхні були не достатньо переконливими. Нарешті, прийшли двоє свідків, які заявили: “Цей Чоловік стверджував, ніби може зруйнувати храм Божий, — і за три дні збудувати його”.

Первосвященик звернувся до Ісуса: “Чому Ти мовчиш? Чи можеш заперечити ці звинувачення?”

Проте Ісус не сказав жодного слова. Тоді первосвященик вигукнув: “Іменем Бога Живого я вимагаю відповіді! Кажи: Ти — Христос, Син Божий?”

“Так, — відповів Ісус, — скажу більше: відтепер ви побачите Сина Людського, що сидітиме праворуч Бога Отця та прийде на хмарах небесних”.

Тієї ж миті первосвященик у люті розідрав на собі одяг і звернувся до синедріону: "Чуєте, яка богозневага! Навіщо нам ще свідки?! Невже не видно Його богохульство?! Отож, який ваш присуд?"

"Заслуговує на смерть", — пролунала відповідь.

Тоді почали знущатися над Ісусом: плювали в обличчя, били по щоках, закривали Йому обличчя й били, примовляючи: "Пророкуй нам, Христе, хто то Тебе вдарив?"

Уранці первосвященики й старшини влаштували раду, як заподіяти смерть Ісусу. Тоді, зв'язаши Його, повели до Понтія Пилата, римського намісника, щоб вимагати від нього смертного вироку.

Ставши перед Пилатом, вони почали звинувачувати Ісуса: "Він бунтує народ, забороняє давати податок кесареві, навчаючи повсюди, починаючи з Галилеї аж до Єрусалима".

Ісус та Ірод

Лк. 23:6-12

Пилат, почувши про Галилею, запитав: "Хіба Він галилеєць?" Ті відповіли, що так. Тоді він відіслав Ісуса до правителя Галилеї, Ірода Антипи, який саме перебував на святі Пасхи в Єрусалимі.

Ірод вже давно мріяв зустрітися з Ісусом: він чув про незвичайні чудеса, звершені Ним, і сам хотів побачити якесь чудо. Тому він вельми зрадів, що нарешті побачить Його.

Він почав ставити Ісусові різні запитання, але Той не вимовив жодного слова.

Водночас із натовпу первосвящеників і вчителів Закону, що обступили їх, навперебій сипалися звинувачення на адресу Ісуса.

Ірод та його воїни, побачивши, що нічого від Ісуса не почують, почали принижувати Його й усіляко насміхатися. Потім Ірод наказав одягти Ісуса у світлий одяг, і відіслати назад до Пилата.

Оголошення вироку

Мт. 27:15-26; Мк. 15:6-15; Лк. 23:13-25; Ів. 18:39-40

Пилат розумів, що за Ісусом немає жодної провини, і шукав можливість відпустити Його.

За звичаєм на свято Пасхи Пилат повинен був відпустити котрогось із в'язнів, на кого вкаже народ. Тож Пилат запитав у натовпу: "Хочете, — відпущу вам Царя Юдейського?" А первосвященики стали намовляти натовп, щоб просили відпустити Варавву. Варавва ж був схоплений за заколот і за вбивство.

І натовп закричав: "Відпусти Варавву!"

"А що маю вчинити з Ісусом?" — запитав Пилат.

"Розіпни Його!"

Пилат намагався вмовити людей, бо розумів, що первосвященики видали Ісуса через заздрощі, але народ продовжував стояти на своєму, вигукуючи: "Розіпни Його!"

Пилат, побачивши, що нічого не вдіє, обмив руки та оголосив: "Я не винний в Його крові!"

А натовп закричав: "Кров Його на нас і на наших дітях!" Тоді Пилат відпустив їм Варавву, а Ісуса наказав збичувати, а потім віддав на розп'яття.

Терновий вінець

Мт. 27:27-31; Мк. 15:16-20; Ів. 19:2-3

Римські воїни забрали Ісуса. Вони зняли з Нього Його одяг і одягнули в багряницю — червоний плащ. Сплівши з тернини вінка, поклали Йому на голову, дали в правицю палицю й, насміхаючись, падали перед Ним на коліна, промовляючи: "Радій, Царю Юдейський!"

Тоді, плюючи на Нього, хапали палицю, і били нею Ісуса по голові...

Коли ж вони так назнущалися, то зняли з Нього багряницю, зодягнули знову в Його власний одяг, і повели на місце страти.

Хресний хід

Мт. 27:32-33; Мк. 15:21-22; Лк. 23:26-31; Ів. 19:17

Після важких тортур Ісусові належало нести на Собі важкого хреста до місця страти. Страта мала відбутися на місці, що звалося Голгофа, у перекладі "Череповище", поруч із містом. Воїни, побачивши, що Ісус зовсім знесилений, змусили чоловіка на ім'я Симон, який саме повертався з поля, взяти хрест, і нести за Ісусом.

Довкола цієї ходи зібрався чималий натовп; багато жінок ридали, бачачи Ісусові страждання. Тоді Ісус повернувся до них і сказав:

"Дочки єрусалимські! Не плачте за Мною. Плачте за собою та за своїми дітьми. Надходять дні, коли казатимуть: "Щасливі ті жінки, які не народжували"... Тоді казатимуть до гір: "Упадіть на нас!" А до пагорбів: "Сховайте нас!"

На хресті

Мт. 27:34-43; Мк. 15:23-32; Лк. 23:33-38; Ів. 19:18-27

Нарешті дійшли вони до Голгофи. Воїни подали Ісусові вино, змішане з гіркотою, аби він випив. Це мало зменшити болі й полегшити страждання. Спробувавши, Ісус відмовився його пити.

Тоді Ісуса розіп'яли. Четверо воїнів поділили між собою Його одяг. А хітона поділити не змогли, бо він був не зшитий, а цілком витканий. І вирішили, щоб його не роздирати, кинути жереб, кому він дістанеться. Так збулося ще одне пророцтво з Писання, де було сказано: “Поділили одежу Мою між собою й метнули про шату Мою жеребка”.

Коли ж розіп'яли Ісуса, була дев'ята година ранку. Поруч із Ним розіп'яли двох розбійників, одного праворуч, а іншого ліворуч. На хресті Ісуса Пилат звелів помістити напис, якого він написав єврейською, грецькою та латинською мовами: “Ісус Назарянин, Цар Юдейський”.

А первосвященики просили Пилата: "Не пиши: Цар Юдейський, але напиши: Я — Цар Юдейський". "Що я написав — те написав!" — відповів їм Пилат.

А натовп, що зібрався на місце страти, знущався з Ісуса: "Гей, Царю Юдейський! Ти казав, ніби можеш зруйнувати храм, а потім відбудувати його за три дні. Якщо Ти справді Син Божий, врятуй Себе, зійди з хреста!"

Первосвященики, вчителі Закону та старшини казали: "Інших рятував, а Себе врятувати не може! Якщо Він — Цар Ізраїля, нехай зійде з хреста, — і ми негайно повіримо в Нього! Він покладався на Бога, тож нехай Бог врятує Його, якщо Він справді Син Божий!"

Біля самого підніжжя хреста стояли Марія — мати Ісусова, її сестра — Марія Клеопова та Марія Магдалина. З ними разом був також Іван, улюблений учень Ісуса. Побачивши його, Ісус сказав матері: "Ось твій син". А учневі сказав: "Ось твоя мати". Після смерті Ісуса Іван узяв Марію до свого дому.

Смерть Ісуса

Мт. 27:44-56; Мк. 15:33-41; Лк. 23:39-49; Ів. 19:28-30

А один із двох розбійників, що були розіп'яті разом з Ісусом, також зневажав Його й казав: "Якщо Ти Христос, то чому не спасеш Себе й нас?"

Другий розбійник суворо зупинив його: "Невже ти не боїшся Бога, що таке говориш? Ми справедливо засуджені, а Він нічого поганого не вчинив". І попросив Ісуса: "Згадай про мене, Господи, коли прийдеш у Царство Своє!"

"Кажу тобі, — відповів йому Ісус, — ти будеш зі Мною сьогодні в раю!"

Опівдні сонце затьмилося, і по всій землі сталася велика темрява аж до третьої години.

А близько третьої години пополудні Ісус вигукнув: "Елі, Елі, лама савахтані?" Тобто: "Боже Мій, Боже Мій, нащо Мене Ти покинув?"

Один з тих, що там були, намочив губку в оцті й підніс її на кінці палиці до уст Ісуса, щоб полегшити Йому страждання. А інші, вирішивши, що Ісус кличе на допомогу пророка Іллю, почали стримувати цього чоловіка: "Постривай! Подивимося, чи прийде Ілля рятувати Його?"

О третій годині Ісус голосно скрикнув: "Отче Мій! У руки Твої віддаю дух Мій!"

То були Його останні слова. Сказавши це, Ісус помер.

Тієї ж миті завіса в храмі, що відокремлювала Святеє від Святого Святих, розірвалася навпіл. Стався великий землетрус, почали розпадатися скелі.

Жах охопив воїнів, що були присутні на страті. Римський сотник, як побачив усе, що сталося вигукнув: "Цей Чоловік справді був Сином Божим!"

А весь натовп, що споглядав цю страту, з пекучим соромом розходився по домівках.

Усе це бачили, стоячи неподалік, люди, які знали Ісуса, в тому числі жінки, які прийшли разом з Ним з Галилеї.

Поховання Ісуса

Мт. 27:57-61; Мк. 15:42-47; Лк. 23:50-56; Ів. 19:31-42

Ісуса розіп’яли в п’ятницю. Тіла страчених не можна було залишати на хрестах, бо наставала субота. Але двоє розбійників, розіп’яті разом з Ісусом, були ще живі, тому на прохання юдеїв римські солдати прискорили їхню смерть, перебивши їм гомілки.

Ісус був мертвий. Щоб переконатись у цьому, один солдат проколов Йому бік списом, і звідти потекла кров та вода. Усе сталося точнісінько так, як писали давні пророки про Месію: “Йому кості ламати не будуть!” А в іншому місці: “Дивитися будуть на Того, Кого прокололи”.

Увечері один багатий чоловік на ім’я Йосип з міста Ариматеї, поважний і шанований, який був радником синедріону, але не брав участі в засудженні Ісуса, бо також сподівався Божого Царства, попросив Пилата віддати йому тіло Ісуса. Пилат погодився й дозволив зняти тіло з хреста.

Йосип разом з фарисеєм Никодимом, який також шанував

Ісуса, обгорнули Ісусове тіло в чисте лляне полотно й поклали до гробу — печери, неподалік від місця страти. Притуливши до входу великий камінь, вони відійшли. Пішли також і жінки, які оплакували Ісуса, — аби не порушувати закон про суботу.

Вдома вони приготували пахощі та миро, щоб намастити ними тіло Ісуса у перший же день наступного тижня.

Варта біля гробу

Мт. 27:62-66

Наступного дня, в суботу, первосвященики й фарисеї прийшли до Пилата з таким проханням:

"Пане! Ми пам'ятаємо, як цей обманщик, ще за життя, обіцяв воскреснути по трьох днях. Його учні можуть уночі вкрасти тіло, а потім оголосити, буцімто Він воскрес із мертвих. Це буде ще гірший обман; то чи не міг би ти наказати, щоб гріб охороняли до третього дня?"

Пилат їм відповів: "Ідіть і зробіть, як вважаєте за необхідне".

Тоді вони пішли до гробу, запечатали його, і поставили біля нього варту.

Порожня могила

Мт.28:1-8; Мк. 16:1-8; Лк. 24:1-10; Ів. 20:1

На світанку першого дня тижня жінки прийшли до гробу, несучи із собою приготовані пахощі та миро.

Раптом з неба зійшов Ангел Божий у білому, наче сніг, одязі. Він відкотив камінь від входу до гробу, і сів на ньому.

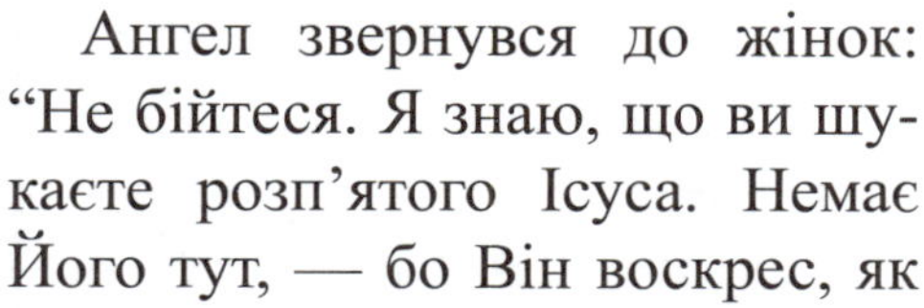

Ангел звернувся до жінок: “Не бійтеся. Я знаю, що ви шукаєте розп’ятого Ісуса. Немає Його тут, — бо Він воскрес, як і казав вам раніше. Підійдіть і погляньте на місце, де Він лежав. А потім ідіть і сповістіть Його учням, що Він воскрес із мертвих і що Він чекатиме вас у Галилеї. Ось, я сказав вам!”

Жінки, водночас раді й перелякані, щодуху побігли до учнів Ісусових поділитися з ними великою радістю.

Ісус з'являється Марії Магдалині

Мк. 16:9-11; Лк. 24:12; Ів. 20:3-18

Марія Магдалина прибігла до Петра та до Івана й схвильовано повідомила їм, що тіло Ісуса щезло. Почувши це, вони відразу ж побігли до гробу. Петро біг повільніше, а тому Іван першим опинився біля гробу, але не наважувався ввійти.

Незабаром підбіг Петро й відразу ввійшов до гробу, і побачив, що Ісуса справді там не було: залишилася лише плащаниця, а осторонь лежала згорнена хустка, що була на Його голові. Тоді Іван також увійшов до гробу, і побачивши все на власні очі, увірував, що Ісус справді воскрес!

Учні повернулися до себе, а Марія Магдалина залишилася плакати біля гробу. Плачучи, вона заглянула всередину й побачила двох Ангелів у білій одежі, що сиділи на тому місці, де раніше лежало тіло Ісуса.

Ангели сказали їй: "Чого ти плачеш, жінко?"

"Тіло мого Господа забрали, і я не знаю куди!" — вигукнула Марія. Цієї ж миті вона повернулася й побачила якогось чоловіка. Це був Ісус, але Марія Магдалина не впізнала Його, а тому подумала, що перед нею садівник.

"Чого ти плачеш? Кого шукаєш?" — запитав Ісус.

"Пане! — благально промовила Марія. — Якщо ти забрав тіло, скажи мені, де воно. Я заберу його".

"Маріє!" — почула вона у відповідь. Цього разу вона впізнала

Ісуса й вигукнула: "Учителю!"

"Не торкайся Мене, — попередив її Ісус, — адже Я ще не зійшов до Отця Мого. Йди до братів Моїх і скажи їм, що Я йду до Отця й Бога Мого, а також їхнього".

Марія Магдалина побігла до учнів, що сумували, і все їм переповіла.

Однак учні не повірили їй.

Ісус з'являється учням

Мк. 16:14-16; Лк. 24:36-48; Ів. 20:19-21

Увечері того ж дня зібралися апостоли й інші учні разом й обговорювали всі ті події, які сталися. Аж раптом Сам Ісус став перед ними й промовив: "Мир вам!"

Усі перелякалися й подумали, що бачать духа. Знаючи їхні думки, Ісус каже: "Чого ви перелякалися? І що то вам приходить на думку? Подивіться на Мої руки й ноги — це Я Сам. Торкніться до Мене й переконайтесь, — бо ж дух не має тіла й костей, а Я, як бачите, маю".

Тоді Він показав їм Свої руки та ноги, на яких вони побачили сліди відцвяшних ран. І все ж таки вони ніяк не могли повірити власним очам. "Чи не маєте тут чогось поїсти?" — запитав їх Ісус. Вони подали Йому печеної риби й стільникового меду, і Він їв перед ними.

Коли ж учні нарешті оговталися, Ісус сказав їм: "Так написано в Писанні, і так потрібно було постраждати Христові, і воскреснути з мертвих третього дня, щоб в Ім'я Його проповідувалося покаяння й прощення гріхів.

Як Отець послав Мене, так і Я вас посилаю, щоб ви засвідчили про це поміж усіма народами!"

Недовірливий Хома

Ів. 20:24-29

Тоді, коли Ісус з'явився учням, Хоми — одного з дванадцятьох — якраз з ними не було. Почувши згодом про цю подію, Хома сказав:

"Доки я не побачу на Його руках рани від цвяхів, і сам не доторкнусь до цих ран, не повірю!"

Через вісім днів учні знову зібралися разом. Цього разу серед них був і Хома.

Хоч двері до кімнати, де знаходились учні, були замкнені, перед ними раптом постав Ісус. Він звернувся до Хоми:

"Простягни свого пальця, та поглянь на Мої руки. Торкнися до Мене й віруй!"

"Господь мій і Бог мій!" — вигукнув у відповідь Хома.

"Ти повірив, тому що побачив Мене, — сказав Ісус. — Блаженні ті, які не бачили, а повірили!"

Поява Ісуса на Тиверіадському морі

Ів. 21:1-14

Зібралися якось разом Петро, Хома, Нафанаїл, обидва сини Зеведеєві та ще двоє інших учнів. І каже до них Петро: "Піду риби вловлю". Вони ж кажуть: "І ми з тобою". Отож вони пішли, сіли до човна й відчалили від берега. Але тієї ночі так нічого й не впіймали. На світанку вони побачили чоловіка, який стояв на березі та гукав до них: "Чи не маєте, діти, якоїсь поживи?" "Не маємо", — відказали вони.

“Закиньте невода праворуч від човна, то й знайдете!” — почулося з берега.

Як вони закинули невода, то вже не могли його витягнути від безлічі риби... Тоді Іван каже Петрові: “Це ж Господь!”

Симон-Петро, як почув це, то відразу кинувся у воду й поплив до берега, а решта учнів помалу пливли човном, тягнучи невода.

Як вони вийшли на берег, то побачили розкладене вогнище й рибу, що смажилася на ньому; поруч лежав хліб. "Принесіть рибу, яку ви щойно зловили", — сказав Ісус.

Петро витягнув з води невода, де було сто п'ятдесят три великі рибини, — і невід при цьому не порвався!

Тоді Ісус каже до учнів: "Ходіть, поснідайте!" І ніхто не наважився запитати Його: "Хто Ти?" Бо всі розуміли, що це Господь.

Ісус підійшов, узяв рибу і хліб і дав їм, аби вони поїли.

Так Господь утретє після воскресіння з'явився Своїм учням.

Вознесіння Ісуса

Мк. 16:19-20; Лк. 24:50-53; Дії 1:2-11

Протягом сорока днів Ісус з'являвся Своїм учням, розповідаючи їм про Царство Боже. На сороковий день Він зібрав їх на Оливній горі й звелів їм нікуди не відлучатись із Єрусалима: "Чекайте на виконання обітниці, яку дав Отець. Іван хрестив водою, а ви за кілька днів будете охрещені Святим Духом".

Учні знову подумали, що найближчим часом Ісус збирається відродити Ізраїльське царство, і запитали Його, чи це так. Ісус відповів: "Ніхто не може знати часу, коли Отець звершить Свій задум. Але кажу вам, що коли на вас зійде Святий Дух, то дасть вам силу, і ви будете свідчити про Мене в Єрусалимі, в Юдеї, в Самарії та по всій землі".

При цих словах Ісус почав возноситися на небо, і хмара сховала Його з-перед їхніх очей...

Коли ж вони продовжували пильно вдивлятися в небо, ось двоє Ангелів у білій одежі стали поруч із ними, та й сказали: "Галилейські мужі, — чого ви стоїте й вдивляєтеся в небо? Цей Ісус, що вознісся на небо, свого часу так само повернеться, як і вознісся!"

П’ятидесятниця

Ів. 15:26; 16:7; Дії 2:1-13

Отримавши повеління Ісуса, учні залишалися в Єрусалимі й очікували сповнення Божої обітниці. Усі вони пам’ятали слова Учителя: “Коли прийде Той Дух Правди, Він дасть вам розуміння всієї правди”.

І ось, коли настав день П’ятидесятниці — єврейське свято врожаю, — учні однодушно перебували разом. Раптом вони почули дивний шум з неба, що був наче раптова буря, що увірвалася в дім, де вони перебували. Несподівано учні побачили немовби вогненні язики, що спочили над кожним з них. Вони сповнилися Духом Святим і під впливом Духа почали славити Бога різними мовами.

У цю пору в Єрусалимі перебувало чимало побожних юдеїв, що прийшли на свято П’ятидесятниці з різних країв: Парфії, Мідії, Месопотамії, Єгипту й багатьох інших.

Коли ж вони почули з уст учнів про великі звершення Божі, до того ж їхньою мовою, то не припиняли дивуватися. “Що це все означає? Чому ці галилейці

говорять нашими мовами? Звідки вони їх знають?" — запитували вони одне в одного.

Знаходились і такі, що глузували, кажучи: "Та вони просто повпивалися молодим вином!"

Діяльність апостолів. Петро та Іван перед синедріоном

Дії 2:43; 3:1-4:22

Руками апостолів чинилося багато чудес і знамень. Усе більше людей каялися, і навerталися до Господа.

Одного разу Петро та Іван ішли до храму. Біля воріт храму, що називалися Красними, сидів чоловік віком більше сорока років, який від народження не міг ходити. Щоранку його приносили до храму й садовили біля воріт, де він просив милостиню.

Побачивши Петра та Івана, що мали намір увійти до храму, він став просити в них милостиню. Тоді Петро та Іван звеліли йому подивитися на них. Хворий послухався, і не спускав очей з апостолів, сподіваючись щось від них одержати.

Але Петро сказав йому: "Золота й срібла в мене немає. Проте я тобі дам те, що маю. В ім'я Ісуса Христа встань і йди".

І взявши каліку за правицю, він допоміг йому встати. Раптом хворий відчув силу в ногах, випростався на повний зріст і пішов! Разом з апостолами він увійшов до храму, підстрибуючи на радощах і вголос дякуючи Богові.

Довкола юрмилися здивовані люди, які щойно стали свідками чуда. Петро звернувся до них, кажучи: "Чому ви дивитеся на нас, ніби ми звершили це вздоровлення власною силою чи благочестям? Це наша віра в Ісуса зцілила каліку. Того Ісуса, від якого ви відцуралися перед Пилатом. Але, знаючи, що ви це вчинили через незнання, кажу вам: Покайтесь, і наверніться до Господа, щоб Він змилувався над вашими гріхами".

І дуже багато людей з натовпу — близько п'яти тисяч душ — повірили в Ісуса.

Після цього до апостолів підійшли священики й саддукеї разом з начальниками храмової сторожі; обурені проповіддю про Ісуса, вони схопили апостолів.

До ранку Петро та Іван просиділи у в'язниці, а вранці їх поставили перед синедріоном.

Тут були первосвященики Анна, Каяфа та чимало старшин і вчителів Закону. Вони запитали: "Якою силою чи яким ім'ям ви звершили це зцілення?"

Сповнившись Святим Духом, Петро відповів: "Ім'ям Ісуса Христа, якого ви розіп'яли, а Бог воскресив з мертвих, зцілено цю людину!"

Побачивши сміливість цих простих неосвічених людей, члени синедріону вельми дивувалися; вони почали пригадувати, що колись вже бачили Петра та Івана разом з Ісусом. Але що тепер робити? Тим більше, що вздоровлений стояв поруч із апостолами...

Тоді вони наказали апостолам вийти, і почали міркувати, як їм діяти. Оскільки багато людей бачили чудо на власні очі, заперечувати його було безглуздо. Нарешті члени синедріону вирішили під загрозою покарання заборонити Петру та Івану згадувати Ім'я Ісуса.

Вони знову покликали апостолів і оголосили їм своє рішення.

Проте Петро та Іван сказали у відповідь: "Поміркуйте самі: кому нам треба підкорятись у першу чергу — Богові чи вам? Ми не можемо приховувати те, що самі бачили й чули".

Синедріону нічого не залишалось, як, попередивши апостолів, відпустити їх. Про покарання не могло бути й мови, бо люди голосно славили Бога за звершене чудо.

Новий допит у синедріоні

Дії 5:16-42

Чутка про чудеса й зцілення, що звершувалися руками апостолів поширювалася все далі й далі. Багато людей приходили до Єрусалима з довколишніх міст, аби отримати зцілення.

Первосвященики й саддукеї, переповнені заздрощами, схопили апостолів і вкинули до в'язниці. Проте вночі Ангел Божий відімкнув двері в'язниці й вивів звідти апостолів, звелівши їм іти до храму й далі проповідувати.

Уранці первосвященик скликав синедріон і всіх старшин Ізраїля, аби вирішити, що робити з в'язнями. За апостолами послали до в'язниці, але посланці повернулися, говорячи: "В'язниця виявилась пильно замкненою, сторожа, як і раніше, надійно охороняє вхід, але в'язні десь поділися".

Первосвященик та начальник сторожі храму не знали, що й думати, аж тут хтось повідомив, що апостоли проповідують у храмі.

Туди рушив начальник сторожі разом зі своїми людьми. Він не наважувався чинити над ними насильство, бо боявся народного гніву. Апостоли із власної волі пішли до синедріону, де їх одразу піддали допиту.

"Хіба ми не заборонили вам навчати про Ісуса? — з лютістю запитав первосвященик. — Вже по всьому Єрусалиму поширилося ваше вчення!"

Проте апостоли на чолі з Петром відповіли: "Треба насамперед підкорятися Богу, а не

людям. Ви вбили Ісуса, а Бог воскресив Його й поставив нашим Спасителем і Князем, щоб Ізраїль покаявся, і отримав прощення своїх гріхів. Про це свідчимо ми й Дух Святий".

Ці слова викликали в присутніх величезне обурення, так що вони почали радитися між собою, як заподіяти апостолам смерть...

Але тут підвівся фарисей на ім'я Гамалиїл, якого люди вельми поважали, і, звелівши тимчасово вивести апостолів, звернувся до членів синедріону з такими словами: "Якщо за їхніми справами стоїть людина, то успіху вони не матимуть, а якщо їх скеровує Бог, то ви у жодному разі не зможете їм перешкодити. Стережіться, аби не стати вам ворогами Бога".

Синедріон послухався поради Гамалиїла. Апостолів знову ввели до зали й, завдавши побоїв, наказали надалі не проповідувати Імені Ісуса.

Апостоли поверталися, радіючи, що їм випало зазнати принижень за Ісусове Ймення. Щодня в храмі й по домівках вони продовжували нести Радісну Звістку про Ісуса Христа.

Видіння апостола Івана

Об. 1:1-18:24

Апостола Івана за проповідь Євангелії було вислано на острів Патмос. Там йому з'явився Сам Господь у надзвичайному видінні.

Одного разу Іван почув за спиною громовий голос. Він повернувся й побачив сім золотих свічників, а посеред них — Ісуса.

Ісус був убраний у довгу одежу, підперезаний по грудях золотим поясом. Голова й волосся Ісуса були білі, як сніг. Обличчя Його сяяло, наче сонце, очі палали вогнем. Голос Його був схожий на шум водоспаду, а у правиці Він тримав сім зірок.

Коли Іван побачив Ісуса, він у страсі припав Йому до ніг. Але Ісус, торкнувшись рукою, заспокоїв апостола. Він сказав Івану: "Сім зірок, які ти бачив у Моїй правиці — це Ангели сімох Церков, а свічники — самі Церкви".

Тоді Ісус звернувся до кожної Церкви окремо. Він докоряв за допущені помилки, хвалив за стійкість у вірі; застерігав від неправдивих учителів і обіцяв суворо покарати тих, хто противиться Божій правді. Також Ісус нагадував, що справжнє багатство не в золоті й матеріальних речах, а в чистому сумлінні перед Богом.

Далі Ісус показав Іванові величні картини майбутніх часів: про те, як розгортатиметься відвічна боротьба між Богом і сатаною.

Видіння про Новий Світ

Об. 19:1-22:20

Іван побачив, як нарешті велика боротьба завершилася Божою перемогою. Сатана й усі його спільники — остаточно переможені й покарані.

І почув Іван Божі слова: “Ось творю все нове!”

Іван побачив нове небо й нову землю, на яку зійшло святе місто — Новий Єрусалим. І почувся голос Божий: “Ось Божа оселя з людьми; і Він поселиться з ними, і вони будуть Його народом, і Сам Бог буде з ними. Він обітре кожну сльозу з їхніх очей, і більше не буде смерті, ні страждань, ні голосіння, ні болю, тому що перше минулося”.

Проте ввійти до Нового Єрусалима зможе лише той, хто слухається Бога й живе згідно з тим, чому вчить нас Ісус.

ЗМІСТ

СТАРИЙ ЗАВІТ

НОВИЙ ЗАВІТ

БІБЛІЙНІ ІСТОРІЇ
ДЛЯ ДІТЕЙ

Українське Біблійне Товариство, 2023

Підписано до друку 29.08.2023.
Формат 70х100/16. Папір офсетний. Друк офсетний.
Ум. друк. арк. 20,74. Обл. вид. арк. 3,95.
Наклад 15 000 прим. Зам. № ЗК-006608.

Українське Біблійне Товариство
вул. Я. Корчака 18, м. Київ, 03190
www.ukr.bible
Свідоцтво про внесення до Державного реєстру
суб'єктів видавничої справи ДК 2433 від 09.02.2006 р.

АТ «Харківська книжкова фабрика "Глобус"»
61011, м. Харків, вул. Різдвяна, 11
Свідоцтво про внесення до Державного реєстру
Серія ДК № 7032 від 27.17.2019 р.

Електронна пошта:	info@ukrbs.org	
Контактні телефони:	Київ	(044) 501 14 91
	Львів	(032) 292 32 32
	Харків	(057) 712 13 85
	Херсон	(055) 242 25 41